中国证券博物馆

CHINA SECURITIES MUSEUM

2022年第1辑　总第7辑

中国证券博物馆 编

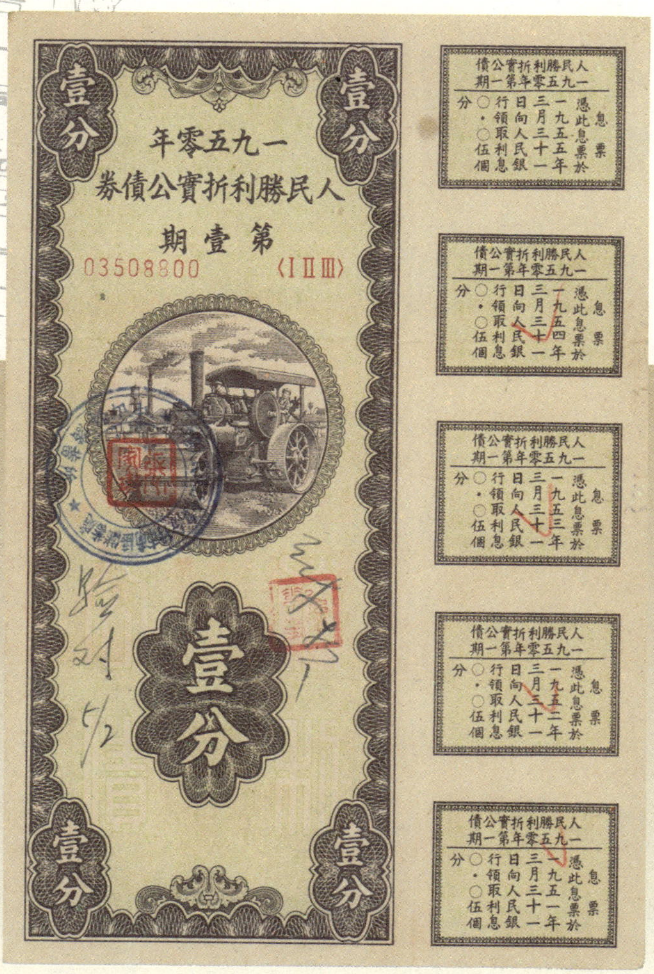

1950 年人民胜利折实公债券（中国证券博物馆馆藏）

中国金融出版社

责任编辑：曹亚豪
责任校对：刘　明
责任印制：张也男

图书在版编目（CIP）数据

中国证券博物馆. 2022年. 第1辑：总第7辑 / 中国证券博物馆编. —北京：中国金融出版社，2022.1

ISBN 978－7－5220－1441－8

Ⅰ. ①中…　Ⅱ. ①中…　Ⅲ. ①证券市场—史料—中国　Ⅳ. ① F832.97

中国版本图书馆 CIP 数据核字（2021）第 273986 号

中国证券博物馆. 2022年. 第1辑：总第7辑
ZHONGGUO ZHENGQUAN BOWUGUAN. 2022 NIAN. DI-1 JI: ZONG DI-7 JI

出版
发行　中国金融出版社

社址　北京市丰台区益泽路 2 号
市场开发部（010）66024766，63805472，63439533（传真）
网上书店　www.cfph.cn
（010）66024766，63372837（传真）
读者服务部（010）66070833，62568380
邮编　100071
经销　新华书店
印刷　北京侨友印刷有限公司
尺寸　215 毫米 ×280 毫米
印张　6
字数　118 千
版次　2022 年 3 月第 1 版
印次　2022 年 3 月第 1 次印刷
定价　36.00 元
ISBN 978－7－5220－1441－8

策　划

主　编	副主编
黄红元	徐毅林

编委会成员

张卫东　金　星　张冠琼　周　舶　张　勇

| 联系我们 |

电话：021-38612105　邮箱：zgzqbwgnk@sse.com.cn

地址：上海市虹口区黄浦路 15 号　邮编：200080

CONTENTS

CONTENTS

博物馆动态

博物馆启事

风云笔谈

两届中国证券业协会的往事回忆

聂庆平

2022 年，中国证券业协会成立 31 周年。在中国资本市场改革发展历程中，中国证券业协会作为自律性证券管理机构，先于中国证监会成立。作为政府监管的补充，中国证券业协会发挥了行业自律管理的重要作用。我参与了中国证券业协会相关文件的起草和部分筹备工作，曾担任第二届协会副理事长，后来又全职参与了第三届协会的工作，在庄心一会长的领导下担任秘书长和专职副会长。在此，我对第一届协会和第三届协会的情况做些回忆，以资纪念。

图 1　中国证券业协会第二届理事会、监事会成员合影

中国证券业协会成立的历史背景

我国的证券公司是伴随着国债发行和流通试点改革发展起来的。1988年4月21日，经中国人民银行同意，上海、深圳、广州、武汉、沈阳、哈尔滨、重庆7个金融综合改革试点城市开展国库券流通试点，我国开始出现国债柜台交易。我国的证券公司最初是从银行或信托投资公司的证券业务部演化而来的，如广发证券、兴业证券、国信证券、中信证券和光大证券的前身都是股份制商业银行或信托投资公司的证券业务部。1987年深圳经济特区开启金融改革，中国人民银行批准设立了我国第一家证券公司——深圳经济特区证券公司；后来又陆续批准各省市人民银行设立证券公司，如上海申银证券公司和江苏省证券公司、湖北证券公司、山东证券公司等直接以省市名称命名的证券公司，以及由工商银行、建设银行和农业银行整合省市分行证券业务部后设立的华夏、国泰、南方三大证券公司。此外，为办理国债发行与兑付，财政部批准各地财政部门成立国债服务部，也经营国库券的柜台买卖业务，上海财政证券就是在国债服务部基础上经中国人民银行批准成立的证券公司。

根据我手头的文字资料，中国证券业协会能够于1991年8月成立，源于我国非银行金融机构的发展和中国人民银行行使证券市场集中统一管理职能的需要。一方面，随着7个城市国库券流通试点的成功，中国人民银行又于1988年6月批准54个城市相继开展国库券流通试点，国债柜台交易市场事实上在全国铺开。与之相适应，证券公司和证券营业部的设立越来越多，到1988年底，全国有证券公司34家，国债柜台交易网点1000多家。1989年中国人民银行总行又批准设立了由中国人民银行各省市分行独资控股的10家证券公司，主要从事各省市辖区内的国库券发行与交易、本地区股份制试点企业的股票与债券发行、自营和代理买卖证券业务以及证券保管登记结算等业务。另一方面，随着我国证券经营机构的发展，以及国债、金融债、股票和企业债券发行与交易市场如火如荼的发展，1981年至1991年全国共发行各类有价证券3300亿元，到1991年底余额为2000多亿元，证券品种从单一国库券发展到国债、企业债、金融债和股票等多个品种，证券转让市场也稳步发展，有价证券上市交易总额为488.8亿元。到1992年7月底，经中国人民银行批准设立的证券公司达到67家、信托投资公司兼营证券业务的营业部913家、业务代办点5384个。如何加强证券行业的管理成为金融监管的重要问题。

正是在证券市场与证券经营机构大发展的背景下，根据党中央和国务院的指示精神，中国人民银行开始履行证券市场集中统一管理职能，不断健全证券市场管理体制。1986年1月7日出台的《中华人民共和国银行管理暂行条例》明确中国人民银行的职责之一为管理企业股票、债券等有价证券，管理金融市场。1991年3月7日，国务院召开研究股票市场问题的总理办公会议。会上，国务院领导指示，由国务委员、中国人民银行行长李贵鲜牵头抓股票市场工作。中国人民银行于1991年4月11日上报的《关于建立股票市场办公会议制度的请示》提到："考虑到此项工作涉及许多部门，为协调各部门（之间的）关系，加强对股票市场的领导，我行认为，应建立股票市场办公会议制度为好。"在架构上，建议股票市场办公会议由李贵鲜同志召集，中国人民银行、国家体改委、国家国有资产管理局、国家计委、财政部、国家税务总局、国家外汇管理局共七个部门各派一名副部长或相关司局的司局长作为办公会议的成员。股票市场管理的日常事务由中国人民银行具体负责。股票市场办公会议直接对国务院负责，主要任务包括四个方面：一是确定全国股票市场发展的重大方针、政策；二是审定全国股票发行规模；三是审定股票市场管理办法；四是协调各部门之间的关系。

关于中国证券业协会成立的日期，目前是以召开成立大会的日期（1991年8月28日）为准。其实，中国证券业协会是于1991年8月8日经民政部和中国人民银行批准成立的。作为一个全国性的行业自律组织，中国证券业协会经历了从地方性行业组织到全国性行业协会的发展过程。马庆泉同志主编的《中国证券史·第一卷（1978—1998年）》将1988年初上海的8家证券交易柜台联合组织的"周六碰头会"以及1990年8月31日召开第一次会议的深圳"证券商联席会议"作为中国证券行业自律性组织的雏形。前者是"在中国人民银行上海市分行的指导下，由当时上海的8家证券交易柜台联合组织"，其作用在于"互相同步上海市各证券交易柜台的证券价格，预测上海市证券行情趋势，协调各证券交易柜台和交易点的行动，贯彻执行证券主管机关制定的政策，便利各中介机构的业务手续处理，提高全市证券市场交易效率等"；后者则"由深圳经济特区所有的合法证券商联合组成"，"第一次会议召开于1990年8月31日，每周召开一次"。应该说当时上海、深圳的证券商联席会议主要是中国人民银行上海市分行和深圳市分行为了加强对本地证券市场和证券机构的管理而建立的区域性证券行业沟通协调会议制度。

成立中国证券业协会是由中国人民银行金融管理司金建栋司长提出请示意见的，这件事情在当初中国人民银行履行证券市场集中统一管理职责时就有所考虑。1988年8月中国人民银行金融管理司在山西大同召开了"全国证券公司业务发展研讨会"，会议由中国人民银行金融管理司召集，黄莺飞副司长、体改处张志平副处长、市场一处李小平处长以及路畔生和张小威同志参加了这次会议，部分中国人民银行省市分行金融管理处处长和证券公司负责人出席会议，讨论成立全国性证券业协会相关问题。据路畔生同志回忆，当时辽宁证券的陈文权、武汉证券的梁全坤、万国证券的管金生、浙江证券的李训、北京证券的张克俭、申银证券的丁视平和大同证券的负责同志等参加了会议。

图 2　1988 年 8 月中国人民银行“大同会议”参会人员合影（照片提供：张小威）

根据资本市场学院陆一、朱丹和杜雅文同志的文献汇编，当时有两份文字资料记载了会议情况。一是 1988 年 8 月 26 日《大同日报》头版刊登了题为《全国证券公司业务发展研讨会在我市结束》的报道：“为期 4 天的全国证券公司业务发展研讨会 8 月 24 日在我市结束。来自全国 23 个省、自治区、直辖市的证券公司代表及有关专家参加了研讨。会上，大家就共同关心的问题进行了充分研究；选举产生了中国证券业公会筹备会；制定了中国证券业公会会员往来规则，各公司将根据国家金融方针、政策，遵守平等、互利互惠、诚实守信的原则，开展全国性证券业规范化交易；会议还建立了有价证券联合报价系统。（孙小荣　马翠莲）”（见图 3）二是《中国金融》1988 年第 10 期题为《我国新时代证券业的发展呼喊——证券公司业务发展研讨会传来的消息》（署名：金记）的文章，这篇文章更为详细地记录了在大同召开这次会议的具体情况：“煤海之城——大同市，从 8 月 20 日到 24 日集结了来自我国各地证券公司的几十名经理和有关专家。一次由人民银行金融管理司倡导，晋冀内蒙古地盟市大同证券、沈阳证券公司、武汉证券公司、上海申银证券公司、重庆证券公司、哈尔滨证券公司等共同发起的‘证券公司业务发展研讨会’在这里举行。到会的证券公司经理们经过讨论，共同商议：在自愿、公平、合理的条件下进行业务往来，维护正当权益，在证券发行、转让和其他有关的业务活动中，坚持平等、互利互惠、诚实守信的原则，业务一经成交，任何一方不得违约。在证券代保管业务中，保管责任由受托方承担，受托方不得擅自挪用、变卖代保管的证券；在证券业务往来中，不得以任何形式买空卖空或挪用资金。会议要求尽快建立有价证券联合报价系统，及时、准确、完整地提供信息，各证券公司不出门，就可以知道各处行情，了解全国证券价格变化，便于提高交易效率，对证券管理部门调节全国价格也是十分必要的。”

大同日报
DATONG RIBAO

李鹏主持仪式欢迎竹下登首相

积极开发进口设备替代产品
今年为国家节约外汇 400 万美元

加强友好协作　促进经济繁荣
沧州市政府代表团昨日抵达我市
两市将正式签订友好城市协议

为发展生产力做贡献
解放思想　找准位置

全国证券公司业务发展研讨会在我市结束

本报将从明年开始自办发行

提高妇女儿童健康水平
矿务局全面部署“双保”工作

沧州市简介

图 3　1988 年 8 月 26 日《大同日报》头版（照片提供：董祥）

从上述两则新闻报道可知，这次为期4天的会议有以下几个重要特征：其一，全国性，这次会议“由人民银行金融管理司倡导”“集结了来自全国23个省、自治区、直辖市的证券公司代表及有关专家”，几乎囊括了当时全国各地主要的证券公司。其二，在目前可见的资料中，该会议最早提出见诸文字的“中国证券业公会”这一概念以及筹备建议。其三，会议上“制定了中国证券业公会会员间的往来规则”，虽未见成形制度，但已达成基本共识。其四，会议提出建立“有价证券联合报价系统”，以期实现全国范围的证券价格信息的互通。在沪深交易所尚未建立，场内集中交易还未出现，全国各地的证券交易还处在各地证券交易柜台分散和各自为政的状况下，能够在这样的聚会中提出行业自律和价格信息互通的建议，在当时是极其难能可贵的。

中国证券业协会筹建工作会议于1991年8月4日在京召开。这次会议由中国人民银行金融管理司负责主持，来自全国各省、自治区、直辖市、计划单列市的人民银行金融管理处处长、证券经营机构的负责同志及有关方面的代表共500余人，共商建立中国证券业协会的大计，探索中国证券业发展的道路。

1991年8月28日中国证券业协会在人民大会堂举行成立大会，中国人民银行副行长郭振乾同志作了工作报告，大会通过了协会章程，选举产生了协会领导人员。协会会长由郭振乾同志担任，副会长由国务院有关部委分管证券事务的相关领导同志担任，名誉会长由全国人大常委会副委员长陈慕华同志兼任，理事长由中国人民银行金融管理司金建栋同志担任，秘书长由马忠智同志担任。第一届中国证券业协会设立会长、副会长和理事长，主要是考虑到当时证券市场监管职责不统一，于是把国务院有关部委的领导同志都请到协会担任副会长，目的是利用协会这个平台建立股份制试点和证券市场发展政策沟通协调机制，理事长及其常务理事会设在中国人民银行，金融管理司实质上是办事机构。因此，第一届中国证券业协会政府监管机构的性质更强一些，并不完全是行业自律组织。第一届协会历时8年都没有换届，与证券市场监管体制变化有关。1992年深圳“8·10事件”后，10月，国务院决定成立中国证监会，但证券业监管职责仍留在中国人民银行。1998年6月25日，国务院办公厅下发了中国人民银行“三定”方案，明确“将证券业监管职能，交给中国证券监督管理委员会承担”。人民银行设置的13个职能司厅，其中一个是“非银行金融机构管理司”“承办对全国非银行金融机构（证券、保险除外）的监管工作”。1998年9月28日，国务院办公厅下发中国证监会“三定”方案，划入的职能包括原国务院证券委员会的职能和中国人民银行履行的证券业监管职能。此后，中国证券业协会才进行换届。

第一届中国证券业协会的筹备工作主要由马忠智同志和宋会同志负责，当时马忠智同志正在办理由中国人民银行沈阳市分行副行长调往总行金融管理司的手续，宋会同志在金融管理司市场一处负责证券公司监管工作，两位同志都参与了中国证券业协会筹备全过程。在中国证券业协会成立的过程中，我主要参与了以下事情：一是会同市场一处的同事参与了《中国证券业协会章程》的起草和讨论修改工作；二是参与首次举办的证券市场国际研讨会相关工作，包括文件准备和外事接待；三是当时国际货币基金组织正帮助中国起草《证券法》，我们在协会办公地奥林匹克饭店召开了多次座谈会，邀请证券公司提出修改建议，征求行业意见。

第三届中国证券业协会的历史转折

庄心一会长领导下的第三届中国证券业协会，是协会 31 年历史中最具有里程碑意义的一届协会，也是从行业组织向自律管理组织转折最为辉煌的一届协会，在中国资本市场发展史上留下了浓墨重彩的一笔。2002 年 6 月，在第二届协会换届前我专程到深圳拜会了庄心一会长，汇报了我想回协会担任秘书长一职，协助他做好第三届协会工作的想法，他欣然同意。那次谈话中，他谈了如何把协会工作从“生地”做成“熟地”，充分发挥协会行业自律作用的工作思路和设想，建议沿着自律规则制定与行业自律管理、专业委员会与行业诚信建设、证券基金从业人员资格考试与培训、金融创新与代办股份转让系统建设（后来发展成为新三板市场）几条主线深耕细作，这对促进证券基金行业的规范发展发挥了重要作用。

1. 第三届协会实现了职能的重大转变，从行业组织转为自律管理组织，成为我国证券市场监管体系的重要组成部分

庄心一会长具有丰富的证券市场管理经验，在国有银行、原国务院证券委员会、深圳证券交易所、深圳市人民政府都担任过领导职务，由他来担任第三届协会会长，本身就意味着协会职责会发生重大转变。第一，中国证监会将部分证券业监管职责对协会进行了行政授权。一开始设想的行政授权要多一些，后来中国证监会以正式文件对协会进行了 8 项授权，在自律规则制定、证券基金从业人员资格考试和执业管理、证券基金行业监管政策咨询和传导、代办股份转让系统交易监管和组织证券基金业对外合作与交流等方面赋予了职责，并且将培训中心移交协会管理。第二，协会的领导组织体系发生了重大转变，从秘书长负责制转变为会长负责制，协会设立了教育培训、执业标准、发展战略、金融创新和自律监察 5 个常设委员会，协会秘书处设有办公室、会员部、资格管理部、专业联络部和国际关系部 5 个部门，这种管理架构有效发挥了协会在证券基金行业的组织协调沟通作用，也顺利承接了中国证监会赋予的职责。为了充实干部队伍，还把中国证监会的一批部门领导和业务骨干调入协会，徐雅萍、熊伟、杨晓武、邓映翎分别担任了各委员会的领导职务，再加上马庆泉同志担任常务副会长，我分管秘书处工作，形成了非常强的协会工作团队。第三，明确了协会“自律、传导和服务”

三大职能，紧紧依靠会员开展诚信与自律管理，会员队伍不断扩大。到2003年6月底，协会共有会员261家，其中，证券公司124家，基金公司22家，证券投资咨询机构83家，并邀请沪深交易所、中国证券登记结算公司、4家托管银行和25家地方证券业协会作为特别会员。

2. 成立专业委员会，充分调动行业力量，建立行业与监管部门之间沟通的桥梁，把会员诉求与监管政策有机融合，在规范和促进证券基金投资咨询行业健康发展方面发挥重要作用

庄心一会长上任伊始，就把证券基金行业的数位权威人士聚集到了麾下，分别成立了投行、证券经纪、证券分析师、证券公司财务管理、证券投资基金、行业准则和纪律处分等专业委员会，邀请国信证券胡关金、安信证券牛冠兴、中信证券王东明、国泰君安陈耿、海通证券王开国、中国证券登记结算公司戴文华、宏源证券何加武、天相投资咨询林义相、南方基金刘波、华夏基金范勇宏等担任各专业委员会主任，积极参与协会工作。各专业委员会是在马庆泉常务副会长的辛勤努力、协商沟通下一个一个具体组建完成的，我配合他对各专业委员会的职责范围和工作内容做了规范。各专业委员会成立后，一下子把协会的触角延伸到了业内，既充实了力量，发挥了专业优势，又实事求是地把行业遇到的问题反馈到监管部门，做了大量有益有效的工作，行业把协会视为家，中国证监会把协会视为传导平台。例如，投资银行委员会对股票发行与承销做了系统性研究，提出改革意见并报中国证监会，对改革股票发行审批制度起到了积极作用。证券投资基金委员会重点对基金行业费率结构、基金公司实现股权激励以及拓展海外业务等问题进行了专门研究，并提出建设性意见，起草了《证券投资基金从业人员行为准则（草案）》《证券投资基金销售人员行为守则（草案）》《证券投资基金行业费率公约（草案）》《证券投资基金资产支持证券指引（讨论稿）》等系列自律规则。证券分析师委员会拓展了国际注册分析师资格考试，针对外资进入证券研究咨询领域问题进行了专题研究，向中国证监会提交了外资进入证券研究咨询领域的监管架构和相关标准建议，还组织全体投资咨询公司签订公约，承诺不在电视台违规荐股和打击股市"黑嘴"。证券经纪委员会加强经纪业务调研，建立了佣金自律制度，防止证券公司恶性竞争，完成了"经纪业务创新研究""证券公司营业部经营模式转型和风险控制探讨""'银证通'业务发展及其对策""证券经纪人模式研究"等重要课题。财务会计委员会集中开展证券公司税负情况专项调查，并向财税部门提交了减免证券公司税负报告。

3. 配合证券公司综合治理，组织创新类和规范类证券公司评审

2003年11月，庄心一同志调中国证监会担任党委委员、主席助理，兼任机构部主任和风险处置办公室主任，可以说是受命于证券行业最困难的时期。由于股市自2000年以后一直低迷，证券公司因违规自营和违规开展委托理财融资业务，面临系统性风险，必须进行综合治理。出于对协会工作的信任，庄心一同志把创新类和规范类证券公司评审工作交给了协会。他形象地跟我说，协会开展两类证券公司评审，就是要在中国证监会综合治理前帮着“择择菜”，把好的证券公司放到一个篮子里，把有风险的证券公司放到另一个篮子里。我深感责任重大，兢兢业业地努力完成好这项工作。一是制定了两类证券公司评审规则。2004年1月，协会与中国证监会机构部组成了证券公司创新发展研究课题组，对实施分类监管的相关问题进行了研究，起草了《关于实施分类监管推进证券公司创新发展的实施方案》，并在广泛征求行业意见的基础上形成了《关于推进证券业创新活动有关问题的通知》和《关于从事相关创新活动证券公司评审暂行办法》，于2004年8月正式发布实施。此后，又根据证券公司综合治理工作的需要，先后两次对《关于从事相关创新活动证券公司评审暂行办法》进行了修改。2005年4月20日，协会发布了《规范类证券公司评审暂行办法》；5月17日，协会发布了《试点证券公司创新方案评审暂行办法》。二是建立健全证券公司评审工作机制，认真组织评审。为了确保评审工作顺利进行，协会建立健全了相应的评审工作机制，组建了两个评审委员会，分别从业内机构、协会、沪深交易所、中国证券登记结算公司、监管部门和会计师事务所选聘专家担任评审委员，组建了由17名委员组成的从事相关创新活动证券公司评审委员会和由26名委员组成的规范类证券公司评审委员会。三是完善评审工作的有关制度和流程。建立了以问责制为核心的评审制度、评审回避制度和评审公示制度，制定了包括委员工作守则、评审工作程序、评审工作要点、申报材料的格式与内容、评审工作小组工作规程及工作守则等一整套有关评审工作的规定。自2004年10月12日评审产生首批3家创新类证券公司起，截至2007年8月初，共评审产生24家创新类证券公司和33家规范类证券公司。证券公司评审工作在督促证券公司加大整改力度、化解历史遗留问题和风险，引导优质公司积极开展创新活动，进而带动整个行业的振兴等方面都发挥了积极作用。

4. 建立健全证券基金培训考试体系，加强从业人员资格管理和执业管理

证券基金从业人员资格考试培训工作是中国证监会划转给第三届协会的重要职责。一是第三届协会从培训制度建设、技术保障、培训组织三个方面完善从业人员后续职业培训体系。协会发布了《证券业从业人员后续职业培训大纲》和《关于组织实施证券业从业人员后续职业培训的几点意见》，明确了后续职业培训内容和后续培训的组织分工，细化了后续培训管理要求。二是协会举办了证券公司高级管理人员和高级专业人员培训班，培训中增加了资质水平测试，强化高级管理人员学习、熟悉法规的能力。协会还与美国宾大沃顿商学院合办了9期证券公司赴美高级管理人员研修班，在美国进行为期3个月的系统学习。三是协会承担了中国证监会教育培训委员会日常工作。起草了中国证监会教育培训委员会及办公室职责，成立了资本市场学院课题研究小组，对建立资本市场学院进行了研究，为后来在深圳设立资本市场学院奠定了基础。四是建立了证券基金从业人员资格管理制度。截至 2005 年 11 月底，已注册证券从业人员 72792 人，约占证券从业人员总数的 88%，其中，证券公司持有执业证书的共 69339 人；基金公司持有执业证书的共 2114 人；咨询公司持有执业证书的共 1954 人；基金托管机构持有执业证书的共 321 人。2005 年新增执业人员 4000 人，受理了 5000 位从业人员的离职备案，办理了 1600 人的执业证书变更事项。此外，还建立了证券从业人员诚信信息管理系统。

5. 配合证券公司融资融券业务试点工作，开展融资融券业务试点实施方案专业评价

在第三届协会工作的后半期，受庄心一副主席的委托，协会承担了证券公司融资融券业务试点方案的起草和专业评价工作，由我兼任中国证监会融资融券试点工作小组办公室主任，具体组织和管理这项工作。当时庄心一副主席对这项工作要求很高，方案经过反复论证、多次推敲，在充分借鉴境外市场经验、全面分析当时证券行业发展现状的基础上，对我国融资融券的业务模式、运行框架和规则进行了全面系统的制度设计，逐步形成了一套涵盖各个层级、完备的融资融券和转融通业务规则体系，完成了融资融券业务试点规则层面的准备。自 2006 年 9 月开始，在融资融券试点工作小组办公室统一部署下，协会组织业内专家对融资融券业务试点实施方案专业评价机制涉及的工作规程和评价流程、评价指标与要点、评价结果产生与报送等事项进行了反复研究和论证。2010 年 1 月底，中国证券业协会发布了专业评价工作规程、专家守则、证券公司申请材料的格式与内容等文件，公布了首批 21 名专业评价专家名单，并于 3 月初对广发、中信、东方、申银万国、光大、华泰、国泰君安、国信、招商、海通、银河首批 11 家证券公司报送的融资融券业务试点实施方案进行了专业评价。

证券公司融资融券业务试点涉及面广、方案复杂度高、社会影响大，为保证专业评价的公平公正、客观科学，在评价机制安排上采取了以下措施：一是细化评价指标与要点，统一掌握评价的标准和尺度，尽量避免人为因素影响。专业评价将主要针对试点实施方案的科学性、合理性、完整性和可操作性以及业务风险控制制度的落实情况进行评价，主要内容包括业务决策与授权体系设置、业务开展计划与主要业务环节、业务隔离与风险监控、业务技术系统、业务合同和风险揭示书、客户管理和投资者教育等。在评价时，进一步细化为四个方面、十三项指标和 100 多个评价要点，其中部分评价要点又分为基本要求和重点关注两部分，基本囊括了证券公司试点准备的各个方面。二是优化专业评价机制和流程。在评价流程上，分专家各自审核材料、小组讨论、集中汇报审核情况、听取公司陈述与答辩、集中评议五个环节，集中对证券公司申报的试点实施方案内容、特色、差异等进行综合分析、评估和比较后，给出专业评价意见和结果。三是建立以问责制为核心的评价制度。由协会聘任业内熟悉融资融券业务流程、技术系统、风险控制和监管要求等方面内容的专业人士担任评价专家，专家名单在中国证券业协会网站公布，接受监督。参与评价的专家在评价前签署承诺书，保证勤勉尽责、客观公正地对申请评价的证券公司融资融券业务试点实施方案进行评价，独立发表个人评价意见、行使表决权，审慎填写工作底稿和表决意见。

通过比较全面、细致的专业评价，协会对证券公司融资融券业务试点准备工作进行了一次“体检”，一方面，为证监会现场核查及行政许可提供了参考依据；另一方面，也更好地指导了相关证券公司进行试点准备，受到了各方的好评和欢迎，为融资融券业务试点稳妥起步并有序扩大发挥了积极的作用。

6. 推动协会积极参加国际组织，扩大国际交流与合作

庄心一会长对协会参加国际交流高度重视。第三届协会期间，中国证券业协会成功主办了第八届亚洲证券论坛年会，承办了亚洲证券分析师联合会 2003 年年会、亚洲证券分析师联合会 2005 年北京大会、国际证券分析师 2005 年年会等。同时，协会也积极参与国际证券业协会组织的活动，出席注册国际投资分析师协会理事会会议、国际投资基金会议、亚洲大洋洲地区投资基金业年会等。协会还保持了与日本证券业协会和韩国证券业协会的经常性联系与互访。为加强两岸证券基金业的合作与交流，协会与台湾地区证券同业公会和基金同业公会保持了比较密切的交往。此

图 4　庄心一与证券公司融资融券业务试点实施方案专业评价会议参会人员合影

图 5　2004 年 1 月，庄心一出席第九届亚洲证券论坛

外，协会积极组织行业对外交流，仅 2005 年就组织安排了 15 个团组 38 人次分别对 8 个国家和地区考察访问或出席国际会议；接待了来自英国等 9 个国家和地区及国际机构的 23 个团组 102 人次来访；与美国证券业协会、清华大学联合举办了中国资本市场研讨会；与韩国证券业协会签署了合作备忘录。加强了与各国和地区证券业界的联系，交流了信息，开阔了视野，增进了相互了解。■

（照片提供：除署名外，均由中国证券业协会提供）

■ 作者简介

聂庆平，北京大学经济学博士后，中国证券金融公司党委书记、董事长。曾任中国证监会发行部、国际业务部、海外上市部副主任，机构监管部巡视员，中国光大控股有限公司总经理，光大证券有限责任公司党组书记、代总裁，中国证券业协会党委委员、秘书长、副会长兼秘书长。出版专著《新时代中国资本市场：创新发展、治理与开放》《看多中国：资本市场历史与金融开放战略》《中国股票市场探索》，主编《证券借贷理论与实务》，翻译《英汉金融与投资术语词典》。

海通证券与交通银行

——中国金融改革的一个缩影

毛志辉

海通证券是目前国内历史最悠久、体量最大、业务实力最强的证券市场主体之一。历经30多年的发展，海通证券已经拥有体系化的业务处理系统、遍布全球的销售通路和稳定扎实的投资者基础。作为我国成立最早的10家证券公司之一，海通证券是中国证券业迄今为止唯一一家从未更名的老牌券商，而且是几乎未曾接受过任何政府注资扶持的领军企业。或许，这也与海通证券自成立时起就渗透了交通银行的文化基因息息相关。

一、成立

20世纪80年代中期，中国经济体制改革进入重要的历史时期，进一步推进金融体制改革成为当时十分紧迫的现实任务。为适应中国金融体制改革的需要，1986年，交通银行重新组建，总管理处南迁上海，成为第一家全国性的国有股份制商业银行。在党的领导下，重组后的交通银行积极探索市场化机制、探路商业银行改革，形成了富有活力的市场化经营新机制，对中国金融体制改革起到了催化、推动和示范作用。海通证券的成立，正是交通银行顺应时代发展需要、引领金融改革方向、积极开拓新兴市场的一次创新尝试。

交通银行在刚开始重新组建时的1986年10月18日，就有过成立证券公司的动议，但当时的形势并不紧迫，也就没有提上日程。交通银行重新组建后，十分重视发展新兴业务，包括证券、保险、资金拆借、票据贴现等。随着金融体制改革的逐步深入，企业债券、股票的发行和流通日益增多，证券业务在交通银行各项业务中的占比也逐渐提高，成立专业的证券公司迫在眉睫。1988年5月，中国人民银行上海市分行出资设立的上海申银证券公司得到中国人民银行总行的批准，随后万国证券公司也获准设立。为了争取赶上第一批成立证券公司的末班车，交通银行决定以上海分行证券业务信贷二部为基础，筹建一家证券公司。

交通银行上海分行从 1987 年 1 月至 1988 年 5 月发行本行股票和债券 16391 万元，代理发行各项企业债券、股票 3790 万元，企业短期融资券 9600 万元，在此期间，各类证券交易额达 8881.3 万元。通过各项证券业务的开展，交通银行上海分行初步形成了一支发行交易队伍，有了一套证券发行和交易办法，建立了内部证券管理监督制度。为了适应直接融资继续扩大、现有证券柜台有待进一步满足业务发展的需要，交通银行上海分行提出成立上海海通证券公司，其中，“海通”两字取自“上海交通银行”，寓意“四海通达”。

1988 年 6 月 24 日，上海分行向交通银行总管理处提交了《关于成立上海海通证券公司的请示》（沪交银信二〔1988〕字第 016 号）。7 月 5 日，交通银行总管理处下发《关于同意成立上海海通证券公司的批复》（交银〔1988〕190 号），由上海分行履行相关审批手续，报当地人民银行批准，并向工商行政部门领取营业执照后正式对外营业。8 月 15 日，中国人民银行批复同意，海通证券正式进入成立开业阶段。

1988 年 9 月 22 日，海通证券在江西中路 200 号宣告正式成立。交通银行副行长陈恒平以及中国人民银行有关领导出席了成立大会。海通证券为全民所有制金融企业，实行独立核算、自主经营、自负盈亏，系交通银行上海分行的全资子公司，资本金 1000 万元。海通证券成立之初在江西中路 200 号营业大厅左侧办公，营业面积仅有 100 多平方米，有正式员工 14 名。

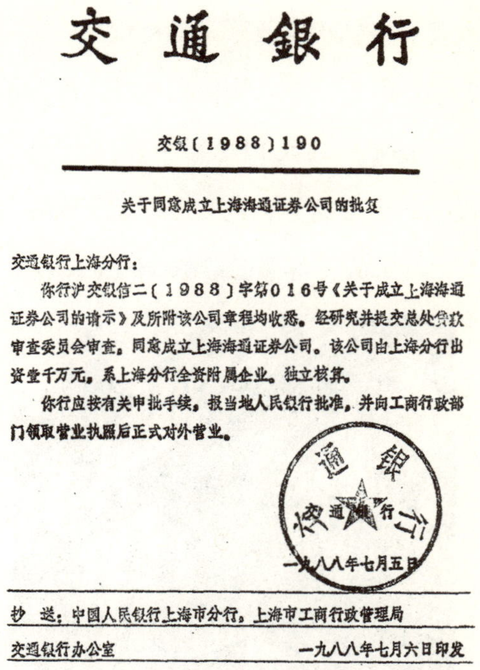
交通银行

交银〔1988〕190

关于同意成立上海海通证券公司的批复

交通银行上海分行：

你行沪交银信二〔1988〕字第016号《关于成立上海海通证券公司的请示》及所附该公司章程均收悉。经研究并提交总处贷款审查委员会审查，同意成立上海海通证券公司。该公司由上海分行出资壹千万元，系上海分行全资附属企业，独立核算。

你行应按有关申批手续，报当地人民银行批准，并向工商行政部门领取营业执照后正式对外营业。

一九八八年七月五日

抄　送：中国人民银行上海市分行，上海市工商行政管理局

交通银行办公室　　一九八八年七月六日印发

图 1　交通银行关于同意成立上海海通证券公司的批复

二、偕行

自成立后，海通证券在有关劳动工资计划、外事审批、养老保险、职称职位评定、人员流动等方面与交通银行有着千丝万缕的联系，各项业务的经营和发展也都离不开交通银行的支持。同时，交通银行对海通证券的发展可谓不遗余力，在资金、人员等方面倾力相助，使海通证券在激烈的市场竞争中得以屹立不倒且出类拔萃。

——初出茅庐

海通证券成立后，致力于开拓证券市场，热忱为

广大投资者服务，为企业筹集融通资金，支持经济建设发展，很快取得了令人瞩目的成绩。海通证券在成立后的一年多中（截至 1990 年 4 月），代理发行企业债券、股票、金融债券、企业短期融资券等各类有价证券逾 2 亿元，成交各类证券逾 6 亿元。

图 2　上海江西中路 200 号，海通证券成立初期在此办公

1989 年 4 月，上海重大工程永新彩管工程建设资金告急，海通证券在上海证券同业的大力协助下，首次按照国际惯例牵头组织承销团，在上海第一次以承销方式代理发行了上海真空电子器件股份有限公司第三期股票。这次发行总面额为 2210 万元，占上海上市股票的 60%，这是自上海解放以来对个人发行数额最大的一次。海通证券的成功承销，为永新彩管工程的上马作出了贡献，也为上海发行市场的规范化和证券业之间的互相协作做了探索。除此之外，海通证券还先后为多家企业发行短期融资券，为缓解上海的资金紧张状况、支持企业出口创汇不遗余力，公司的发行数额也在上海证券公司中名列前茅。

在证券交易柜台方面，海通证券采用自营和代理买卖两种方式，经营公司债券、金融债券、公司股票和银行大面额可转让存款证等，由于措施有力、价格合理，吸引了广大客户，柜台交易量逐月上升。在做好柜台交易的同时，海通证券还注意开拓外地市场，与外地的证券同业相互调剂库存，不仅从外地及时购买国库券，还根据外地同业的需要及时调剂给外省市，国债交易做到有吞有吐。海通证券的国库券交易价格很快成为上海市场的敏感价格之一，也成为同业制定价格的重要参考依据之一，甚至对全国的国库券行情也产生了一定影响。通过各项业务的开展，海通证券在业内的影响力逐步扩大，同时带来了较好的经济效益。

——增资扩股

党的十四届三中全会作出了《中共中央关于建立社会主义市场经济体制若干问题的决定》，为社会主义市场经济体制的确立提出了理论框架，也为加快金融体制改革提供了有利条件。为适应改革的需要，1993 年 11 月，交通银行明确勾勒出混业经营的金融集团模式，在这个蓝图中，交通银行是整个集团的核心，旗下成立太平洋保险公司、海通证券公司两个控股子公司。

此时，经过五年的艰苦创业，海通证券在国内外已经有了一定的知名度和影响力，培养和造就了一批有能力、肯钻研的业务骨干。然而，受自身体制的束缚，海通证券也遇到了发展瓶颈，面对外部竞争的压力，不论是交通银行还是海通证券，都意识到“不改制就会全面落后，不改制就会被淘汰，不改制就是等死”。为了适应市场的需要和满足中国人民银行关于证券业与银行业实行分业管理的要求，1993 年 12 月，交通银行开始着手对海通证券进行改制；1994 年 2 月，海通证券公司改制领导小组成立。

在拟定的改制方案中，交通银行总行对上海海通证券公司进行增资扩股，并按《公司法》的要求改制为海通证券股份有限公司，由交通银行上海分行的全资子公司转变为交通银行总行控股、社会其他法人参股的子公司。根据中国人民银行关于海通证券改制问题的批复，公司股本总额控制在人民币 10 亿元以内（含外汇资本金），其中交通银行控股比例为 60%，其余 40% 向金融机构及企业募集，向企业募集的股金不得超过股本总额的 20%。改制后，海通证券成为交通银行的控股子公司，系一级法人，实行独立核算、自主经营、自负盈亏、同股同利。

1994 年 9 月 28 日，海通证券股份有限公司经过改制宣告成立。改制后的海通证券具备四大优势：一是其母公司交通银行是全国最先实行规范化经营的商业银行，在国际上有着很高的信誉，为海通证券的业务拓展创造了机遇和条件；二是通过建立现代企业制度进行内部机制创新，增强了竞争优势；三是公司实力大大增强，成为国内资本雄厚的四大证券商之一；四是其证券业务由上海向全国以及全球发展。在公司章程中，海通证券明确公司的宗旨为“以一流的服务质量、一流的工作效率、一流的公司信誉，办成具有国际水准的证券公司”，这也是对交通银行“三个一

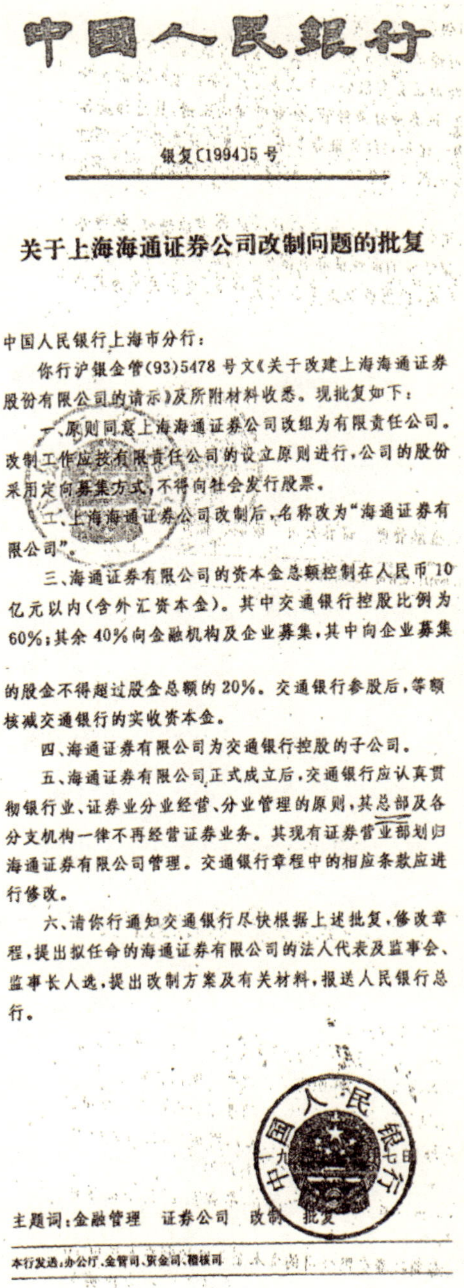
中国人民银行

银复[1994]5 号

关于上海海通证券公司改制问题的批复

中国人民银行上海市分行：

你行沪银金管(93)5478 号文《关于改建上海海通证券股份有限公司的请示》及所附材料收悉。现批复如下：

一、原则同意上海海通证券公司改组为有限责任公司。改制工作应按有限责任公司的设立原则进行，公司的股份采用定向募集方式，不得向社会发行股票。

二、上海海通证券公司改制后，名称改为“海通证券有限公司”。

三、海通证券有限公司的资本金总额控制在人民币 10 亿元以内(含外汇资本金)。其中交通银行控股比例为 60%；其余 40% 向金融机构及企业募集，其中向企业募集的股金不得超过股金总额的 20%。交通银行参股后，等额核减交通银行的实收资本金。

四、海通证券有限公司为交通银行控股的子公司。

五、海通证券有限公司正式成立后，交通银行应认真贯彻银行业、证券业分业经营、分业管理的原则，其总部及各分支机构一律不再经营证券业务。其现有证券营业部划归海通证券有限公司管理。交通银行章程中的相应条款应进行修改。

六、请你行通知交通银行尽快根据上述批复，修改章程，提出拟任命的海通证券有限公司的法人代表及监事会、监事长人选，提出改制方案及有关材料，报送人民银行总行。

主题词：金融管理　证券公司　改制　批复

本行发送：办公厅、金管司、资金司、稽核司

图 3　中国人民银行关于上海海通证券公司改制问题的批复

流”办行宗旨的继承和发扬。

——归并壮大

海通证券改制后，首先面临的问题就是要理顺公司与交通银行各级分支机构之间的证券业务关系。1995

年第一季度，根据中国人民银行分业经营的精神，交通银行明确提出以“一行三司”的集团化经营模式来适应人民银行对金融分业管理的要求。海通证券作为交通银行非银行金融业务体系的主要成员，在进一步深化改制的过程中，必须以各分（支）行为依托，发挥交通银行的配套服务功能和集团优势，通过对整个证券业务体系的结构调整，实现业务分业管理的目标。

本着积极、稳妥、有序、分步实施的精神，交通银行分（支）行证券业务的归并分三步进行：第一步，先把分行开办的汉通、沈阳、连通三家分公司改建成海通证券的分公司。改建后，三家分公司成为海通证券的全资附属企业，同时，交通银行当地分支行支持海通证券分公司的发展，与海通证券分公司在企业股份制改造、证券承销与发行、基金管理、客户引荐、企业财务顾问、资讯服务等业务方面密切合作，促进双方优势互补、利益共享。第二步，把交通银行各分（支）行在上海、深圳开办的证券营业部归并到海通证券。第三步，把交通银行各分（支）行在当地开办的证券机构逐步变为海通证券的代理机构，即人员关系不变，业务上实行代理。机构的归并不仅有助于海通证券在短期内以较低成本建立一个全国性的业务网络，更重要的是，使其证券业务迅速形成了专业化经营的整体优势。

此后，海通证券统一经营管理原交通银行各分支行的证券业务，原机构相应改建为海通证券分支机构，交通银行各分支机构不再经营证券业务。

——共渡难关

在海通证券遇到资金困难时，交通银行作为母公司，总是及时伸出援手、共渡难关。

1995 年 12 月，海通证券的证券回购资金 13 亿元难以收回，导致 1996 年 1 月 4 日到期的国债组合凭证所需的 7.6 亿元资金难以兑付，为此，海通证券多次与中国人民银行总行、中国人民银行上海市分行汇报商量，但均难奏效。

12 月 18 日，交通银行副行长乔伟会见中国人民银行非银行司领导时提出了解决海通证券兑付困难的设想和要求，其中提到“请人民银行上海市分行融资中心拆借一部分资金给海通证券”“请人民银行总行加大证券回购清欠力度”。非银行司领导传达了戴相龙行长的指示，“海通证券兑付困难应由其主管部门交通银行帮助其解决”“交通银行完全有能力帮助解决海通证券到期的国债组合凭证的兑付问题”。同时，随行的中国人民银行上海市分行同志补充说：“因为海通证券的信誉欠佳，上海市分行已研究商定其融资中心不直接给海通证券拆入资金。”这等于断绝了海通证券向中国人民银行上海市分行拆借资金的想法。

鉴于国债组合凭证兑付在即，此事涉及社会稳定和海通证券乃至交通银行的对外信誉，交通银行内部经紧急研究后，迅速给出了解决方法：由交通银行拆借海通证券 6 亿元，其中，两个月期限 1 亿元，三个月期限 2 亿元，四个月期限 3 亿元，利率按中国人民银行规定确定，所有资金于 1996 年 1 月 4 日前到位；由海通证券自行筹集资金 1.6 亿元；海通证券加快清欠速度，争取提前归还所借资金。这笔拆借资金有效解决了海通证券的燃眉之急，也进一步提升了海通证券的社会信誉。

——业务联动

海通证券作为交通银行的子公司，在多年的发展中，与交通银行在业务上密切联动，相得益彰。一方面，海通证券依托交通银行，以较强的融资功能为强大后盾，在激烈的同业竞争中发挥交通银行在客户、信息等方面的优势，借助交通银行的配合与支持大力开拓市场、争取客户、发展业务；另一方面，交通银行也借助海通证券的渠道，优势互补、共同发展，在业务上互为依托、协调动作。双方在重庆长江大桥项目上的合作，就是一个成功范例。

1997 年，海通证券通过交通银行总行与重庆分行联动，为重庆长江大桥的建设提供 8 亿元贷款，以此争取到由海通证券独家代理发行“重庆路桥”A 股股票的业务。“重庆路桥”是重庆乃至全国交通行业上市的第一只股票，其发行成功引起了社会极大的关注。这一业务中，在海通证券获得承销手续费的同时，交通银行重庆分行作为指定收款银行，吸收了 60 多亿元的申购资金，并获得了永久代收车辆过桥费的业务，可谓皆大欢喜。此外，该长江大桥又为交通银行的另一家子公司太平洋保险公司争取了建设工程保险业务和财产险投保业务。

三、别离

20 世纪 90 年代中后期，在金融业分业监管、分业管理框架日趋明朗的背景下，交通银行和海通证券的脱钩问题开始提上日程。

脱钩前的 1998 年，海通证券在全国 46 个大中城市设立了 89 家分支机构，从业人员达 2200 多人，业务覆盖一级市场发行业务（在 1997 年的全国券商中排名第六）、二级市场代理业务（至 1998 年 8 月底，股民保证金存款余额达 80 多亿元，股民开户数达 80 多万户，沪深两市交易额市场占有率分别为 7.34% 和 3.5%，在全国券商中分别排名第二和第七）、国债业务（是第一批国债一级自营商）、国际业务、基金业务等。在海通证券的 10 亿元股本总额中，交通银行拥有 6.11 亿股。至 1998 年 6 月末，海通证券资产总额达 125.82 亿元，负债总额为 109.5 亿元，所有者权益为 16.32 亿元。1997 年，海通证券实现利润 4.39 亿元。由于历年来一直保持较好的经营业绩，而且在国内外已经建立了良好的信誉，除了已经形成的无形资产外，海通证券的股份所享有的权益已经大大超过其发行价格，实现了资产的增值。

1998 年 9 月以后，中央金融工委、中国人民银行多次召集各金融机构主要负责人研究部署金融机构与所办经济实体脱钩工作。9 月 19 日，朱镕基总理批示：“各国有商业银行的此类信托投资公司必须立即彻底脱钩”，温家宝副总理批示：“要认真贯彻江泽民同志最近关于反腐败的重要指示精神，坚决执行中央的决定，积极迅速地做好银行与所办经济实体的脱钩工作。”

11 月 8 日，中共中央办公厅、国务院办公厅下发《关于中央党政机关与所办经济实体和管理的直属企业脱钩有关问题的通知》，要求中央党政机关必须在1998年底以前与所办经济实体和管理的直属企业完全脱钩，不再直接管理企业。11月25日，人民银行下发《关于金融机构与所办经济实体脱钩有关问题的紧急通知》，要求包括各政策性银行、各国有独资商业银行、交通银行、其他商业银行在内的金融机构在1998年底以前与所办各类经济实体彻底脱钩。

最初，交通银行向中央党政机关金融类企业脱钩工作小组提出，建议采取由财政部收购的办法，以保持财政部对交通银行现有投资不减少，保证交通银行能够继续正常运营；如财政部在收购资金上有困难，建议由财政部发行特种国债，解决海通证券的资本金问题。但这一方案并未被采纳。1999年2月，财政部下发《关于交通银行投资金融类企业股权处置有关事项的通知》(财债字〔1999〕51号)，提出海通证券的转让要按照账面权益价值实行一次性有偿转让，并建议将股权转让给上海市大型国有企业。根据财政部的要求，交通银行选择上海市政府作为脱钩企业的转让对象。3月，上海市政府原则同意接收海通证券。

1999年5月13日，交通银行行长王明权主持召开海通证券脱钩转让问题会议。王明权通报了前一阶段与上海市政府就转让问题商定的三条原则：海通证券和太平洋保险两公司的净资产也就是股本加权益共计25.1亿元；太平洋保险、海通证券必须将1998年红利分配后按账面余额进行转让，净资产减股本部分按30%计算；海通证券转让后资金必须按期到位。海通证券负责人表示，一定要维持交通银行与海通证券的关系，这将是每一届领导的战略措施，海通证券的存款必须继续存在交通银行，并开展业务合作，也希望交通银行尽可能在各个方面支持海通证券开展工作，以利于双方共同发展。会上，还对海通证券改制时形成的历史遗留问题做了讨论，决定对海通证券改制移交时在交通银行挂账的5亿元左右债务，交通银行承担6000万元，其余由海通证券承担，可分期归还本息。

对所有交行人而言，海通证券的脱钩都是一份沉重的记忆，它意味着一个刚刚培育成才的孩子就此远走高飞。尽管交通银行对海通证券的投资有着较好的收益，属于优质资产，但交通银行从讲政治的高度认真贯彻党中央、国务院的决定，在中央金融工委和国务院有关部委的指导下，积极主动地与上海市政府协商联系，认真落实海通证券脱钩转让的各项具体事宜。为了尽快实现转让，交通银行与上海市政府友好协商，确定转让价格为1998年末交通银行对海通证券的实际投资额以及相关权益的30%，放弃了1998年末相关权益的70%以及交通银行投资额在1999年度经营中的全部相关权益。

1999年8月28日，交通银行与上海市政府正式签订协议，将海通证券、太平洋保险以18.65亿元的价格转让，海通证券从此与交通银行脱钩。

脱钩后，在党的领导下，交通银行与海通证券持续深化改革，深耕细作、行稳致远，都取得了跨越式发展。截至2021年，交通银行已经发展成为一级资本在全球银行1000强中位居第11位，连续13年进入《财富》“世界500强”榜单，经营网络遍布18个国家和地区，业务范围涵盖商业银行、证券、信托、金融租赁、基金管理、保险、离岸金融服务等的大型商业银行集团；海通证券也逐步完善了集团化、国际化战略布局，基本建成涵盖证券期货经纪、投行、自营、资产管理、私募股权投资、另类投资、融资租赁、境外银行等多个业务领域，主要财务指标排名行业前列的金融服务集团。

习近平总书记指出：“金融是现代经济的核心……改革开放以来，我们对金融工作和金融安全始终是高度重视的，我国金融业发展取得巨大成就，金融成为资源配置和宏观调控的重要工具，成为推动经济社会发展的重要力量。”“我们要深化对金融本质和规律的认识，立足中国实际，走出中国特色金融发展之路。”回顾改革开放后交通银行与海通证券的发展史，两者都是在党的领导下由弱到强不断发展壮大，都经历了改革大潮的洗礼并取得了不俗的成绩，都为国家经济社会发展作出了应有的贡献，也都在上海国际金融中心的建设中扮演了重要的角色。而它们的成长与偕行，正是不断深化改革过程中党对金融本质和规律所做的重要探索；它们的别离及此后各自的健康发展，也成为中国特色金融发展之路的一个生动注脚。■

■ 作者简介

毛志辉，副编审，供职于交通银行办公室。曾获上海图书奖特等奖、一等奖，第二届全国韬奋出版人才高端论坛征文一等奖。著有《让学术走向大众》《让金融回归本义》《书旅屐痕》。

从第一只股票到第一个证券交易柜台的诞生

申万宏源证券有限公司

一转眼，上海证券交易所已成立 31 年，31 年来风雨历程，书写了一部充满挑战的探索创业史，也是一部从无到有、从小到大的辉煌史。作为上海证券交易所早期的创始会员、首任副理事长单位，申万宏源证券同样倍感荣幸与自豪，因为申万宏源证券在中国资本市场扬帆启航中开创的“第一只面向公众发行的股票”“第一个证券交易柜台”等众多“第一”，和上海证券交易所的成立有着深厚的渊源。回望来时路，那是一段艰难求索的历程。

证券行业的早期拓荒者

众所周知，今天的申万宏源证券是由原申银和万国两家证券公司于 1996 年合并、再于 2015 年与宏源证券第二次合并而成。1988 年以前，国内没有专业的证券公司，在证券业恢复和起步阶段，唱主角的恰恰是信托投资公司。中国人民银行上海市分行于 1988 年 5 月 25 日出资设立了一家证券公司，时任人民银行上海市分行行长龚浩成为之取名为“上海申银证券公司”，意为“上海的银行办的证券公司”，这就是资本金为 1000 万元的老申银。公司于 1988 年 8 月 16 日正

图 1　黄贵显，曾任工商银行上海市信托投资公司静安分公司经理，上海申银证券公司副总经理、总经济师，申银万国证券公司总裁室顾问。2016 年 9 月 18 日病逝，享年 89 岁。

图 2　胡瑞荃，曾任工商银行上海市信托投资公司静安分公司副经理、静安证券营业部副经理，申银万国证券公司总裁室顾问。2011 年 7 月 6 日病逝，享年 84 岁。

式开业，法人代表是吴雅伦（后转任上海证券交易所副总经理）。老申银成立后没有开展具体业务，之后因监管者和经营者身份相冲突的缘故，按照《国务院关于进一步清理整顿金融性公司的通知》精神，1990 年 7 月 26 日，人民银行上海市分行决定将老申银转让给工商银行上海市信托投资公司投资和继续承办。工商银行上海市信托投资公司是上海市最早开展证券业务的机构，在国内外具有一定的影响力，且已培养了一批具有较高业务操作水平的专业人员。1990 年 9 月 1 日，新的上海申银证券公司正式开业，总经理阚治东带领的就是一支以由工商银行上海市信托投资公司转入证券公司的人员为主体的队伍，其中包括黄贵显、胡瑞荃——真正推动国内第一只股票公开发行、国内第一个股票交易场所工商银行上海市信托投资公司静安证券营业部设立的关键性人物。

在早年的申银证券和此后的申银万国证券中，两人都曾担任高级顾问，虽然职务并不突出，但在公司乃至中国证券业发展历程中都留下了深深的印迹。

第一只公开发行股票“小飞乐”横空出世

党的十一届三中全会后，中共中央开始推动经济体制改革，继农村后，城市也开始改革。1984 年，在金融改革中，中国工商银行与中国人民银行脱钩。后来工商银行上海市分行开办信托投资公司，将传统银行业务以外的业务都放到信托投资公司。据胡瑞荃生前回忆：既然搞信托，就要有特色，不能简单重复银行业务。一开始，我们与上海计算机公司联手，搞一些电脑租赁业务，也作出了一些成绩，但是业务量不大，后来想到为集体所有制企业募集资金，发展和壮大有前途的集体企业，因而就朝发行股票和债券方面努力。1984 年初，公司着手起草飞乐音响公司和延中实业公司的有关文件，向中国人民银行上海市分行金融管理处申请批准这两家公司从职工内部集资扩大到向社会公开发行。为了了解证券交易的概况，公司派出 3 名同事去汉口路考察解放前的上海证券交易所旧址。为了设计股票、寻找样张，3 名同事到处打听，了解到历经“文化大革命”后幸存下来的南洋烟草股份有限公司还在继续发放股息、红利，几经周折，看到了真正的股票。后来根据南洋烟草的老股票，设计出“飞乐音响”和“延中实业”的股票样张（包括股票过户记录和注意事项），同时报人民银行上海市分行金融管理处。1984 年 8 月 10 日，上海市政府发布了《关于发行股票的暂行管理办法》，作为地方法规公诸报端，内容是新办集体所有制企业可以向社会公开发行股票。目前看来，这些条款普通而简单，但在当时，这是来自官方的第一个绿色信号：可以发行股票了。

静安分公司第一次发行的股票是“小飞乐”（上海飞乐音响公司）股票。“小飞乐”是“大飞乐”的“三产”，“大飞乐”当时是做扬声器的，主要用于出口。为了打开国内市场，“大飞乐”决定组建一个“三产”，帮助客户设计和安装扬声器，并获取市场信息，按照市场的需求进行生产。

1984 年 11 月 18 日，静安分公司的两名员工背着银行的钱箱到飞乐音响总厂进行发行，就在那里开票和收钱。当晚《新民晚报》上刊登了半块豆腐干大小的一则新闻：

“本市出现一家接受个人和集体自愿认购股票的新型公司——上海飞乐音响公司。它对社会发行 1 万股，每股 50 元。记者今天上午在武夷路上海飞乐音响公司见到公司董事长兼上海飞乐音响总厂厂长秦其斌。他透露说：将于本月 18 日开业的上海飞乐音响公司，采用集体、个人自愿认购股票形式来筹集资金。对全部个人股票实行‘保本保息’的优惠办法和自愿原则，即‘自愿认购，自由退股’。公司委托中国工商银行上海市分行发行股票。当个人或集体认购股票后，不论金额多少，均为公司股东，享受平等权利，有权参加股东（或股东代表）大会，向股东大会提出议案，向董事会提出项目，或参加公司组织的其他活动。每年年终，根据公司税后盈利情况，董事会拿出部分利润按股东认购股金份额分发红利。”

根据上述报道的描述，不难发现这次股票发行明显带有那个时代的特征。

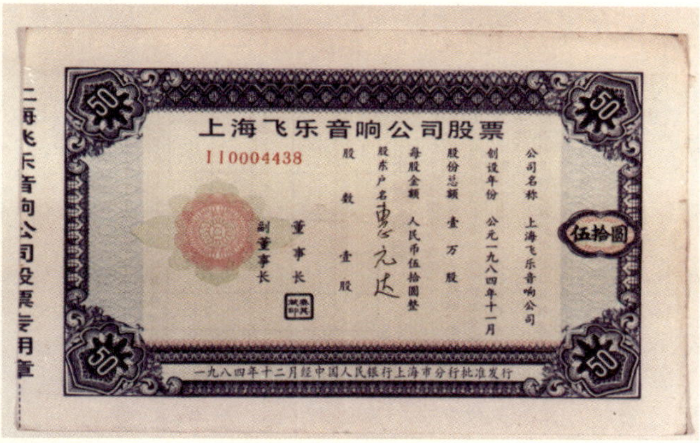

图 3 1984 年，工商银行上海市信托投资公司静安分部代理发行改革开放后我国首只真正意义上的股票——上海飞乐音响公司股票

第一个证券交易柜台呱呱落地

热热闹闹的发行之后，股票就静静地捂在各位股东手里。当时飞乐音响公司、延中实业两家公司合计有 20000 名股东，其中，前者有 2000 名，后者有 18000 名。之后，陆续有人到静安分公司打听股票好不好转让、怎么转让，特别是 1986 年股息发放后，来访者和来信者更是络绎不绝。上海市人民政府 1984 年颁发的《关于发行股票的暂行管理办法》中，有可以转让这一条，但规定得很严格：“凡股票持有者要转让股票，需通过代理发行的公司代为寻找客户。”静安分公司到哪里去找正好能接手的客户呢？

股票不能成为死钱，否则会严重影响股民购买的积极性，也不利于今后的股票发行。于是，黄贵显、胡瑞荃想到建立股票交易柜台，为此他们向人民银行上海市分行金融管理处打报告申请开放股票市场。一次、两次，报告送上去了，但毫无音信。黄贵显和胡瑞荃有些苦恼了。没有上级主管部门的批准，是不可能擅自开展新业务的。面对天天找上门的股民们，他们感到左右为难又无能为力。

事情突然出现了转机。1986 年 8 月 16 日，时任上海市市长的江泽民同志召开有关部门负责人会议，听取关于股份制改革的汇报。应上海市体改办金志的安排，胡瑞荃也参加了这次会议，恰好坐在江市长的正对面。

轮到胡瑞荃发言时，他先汇报了股票流通的必要性和紧迫性等情况，随后就把事先准备好的一份申请建立股票交易柜台的报告递到江市长面前。

没过两天，中国人民银行上海市分行就把同意上海市信托投资公司设立股票交易柜台的批复下发了。全国第一个股票交易柜台呱呱落地。

静安证券营业部坐落于上海南京西路 1806 号，原是开在静安寺旁边的一家理发店，只有一开间门面、10 多平方米，生意不佳。黄贵显、胡瑞荃接到人民银行“批准书”后立刻盘下这爿店，经过简单装修就热热闹闹地开张了。

图 4 静安证券营业部开业当天盛况

开市第一天是 1986 年 9 月 26 日。清晨，南京西路 1806 号门口被围得水泄不通。当时进行股票柜台交易的公司只有 2 家，飞乐音响公司总股本为 50 万元，延中实业公司总股本为 500 万元，总共只有 550 万元。9 月 26 日下午 4 点半收盘时，共成交股票 1540 股，成交金额为 85280 元。

图 5　静安证券营业部交易场景

翌日，各报争先恐后地予以报道。这个小小柜台这一天发生的事后来被评为“1986 年全国十大经济新闻”之一。

两位老前辈早期的大胆尝试和开创性工作为上海证券交易所的顺利开张做好了铺垫。正是从这个条件十分简陋的小柜台起步，改革开放后，中国证券交易市场迈出了从无到有的第一步，实现了从一级市场到二级市场的巨大飞跃。这是中国证券史上的一个里程碑，拉开了改革开放后证券流通的序幕，为证券交易所的最终成立奠定了基础。

从静安证券营业部成立到上海证券交易所开业这四年间，静安证券营业部始终是国内股票、国债等证券最大的交易场所。这里培训了国内第一批证券从业人员，编制了国内第一个证券业务核算办法，推出了上海第一批公开发行股票的公司，编制了中国第一个股票指数，发表了第一本股票年报……

如今，南京西路 1806 号早已不见踪影了，而放置在繁忙商业街原址上的一块石碑，在告知路人，它在中国证券发展史上不可忽略的地位。■

图 6　南京西路 1806 号，静安证券营业部旧址纪念石碑

（照片提供：申万宏源证券有限公司）

锦瑟无端五十弦

——忆中国证监会信息中心原主任徐雅萍

李 为

徐雅萍（1952—2007），辽宁丹东人，经济学博士，中共党员，中国证监会信息中心原主任、中国证券业协会原副会长。曾任全国金融标准化技术委员会主任，中国人民大学、财政部财政科学研究所、北京物资学院兼职教授，中国社会科学院金融研究所、深圳证券交易所博士后指导教师。

1968年10月参加工作，先后在丹东梨树沟煤矿、丹东煤炭局、丹东市委党校等单位工作。

1986年起，历任财政部财政科学研究所政策研究室副主任（副处级）、中国证监会信息统计部副主任（正处级）、信息统计部主任（副局级）、信息中心主任（正局级）。

2002年6月起，兼任中国证券业协会副会长、党委委员、非会员常务理事。

1994 年我到证监会工作的时候，信息统计部主任徐雅萍是证监会的第一位女博士。她四十出头，风华正茂，个头高挑、仪态优雅，爽朗乐观、平易近人，充满活力，像一团火，身边的人总感受到被燃烧、被鼓舞。她主持完成了中国资本市场一系列基础建设，开拓了中国资本市场信息化高速公路，开辟了监管科技的疆域，绘制了开创未来的蓝图，为证监会和中国资本市场奉献了最美的年华。

雅萍离开我们已经 15 年了，当我们回顾亲历的中国资本市场发展史的时候，不能忘记她的付出和贡献。

我以证监会办公地点的变迁为时间主线，回忆雅萍带领我们走过的路、开创的事业。雅萍生如夏花之绚烂，她的故事伴随了中国证券市场初创时期那些难忘的岁月，那些岁月中有她的足迹、有我们的足迹。

意气风发之保利（1992—1995 年）

证监会刚成立的时候，办公地点在保利大厦，桌椅板凳是从“联办”（证券交易所研究设计联合办公室）借的，大家在一个餐厅吃饭，没有界限分别。1994 年 9 月我到证监会报到，刘鸿儒主席一开始把我安排到信息统计部，我与雅萍见了一面，第二天她就出差了。那时正值中国企业第二批 H 股上市，刘鸿儒主席很关注这些境外上市企业的动态，便改了主意，又把我交给时任证监会首席会计师、国际业务部主任汪建熙，让我先在国际业务部工作。

当时，信息统计部正处于初创阶段，一切从零开始。记得很清楚的是，那年在地下会议室开春节晚会，热闹非凡，各部门都出了节目，轮到信息统计部时，大家不管刘鸿儒主席是否在场，一起喊着：“信息部没信息！信息部没信息！”虽然是玩笑式的说闹，却反映了信息统计部在大家心中最初的印象。那天信息统计部出了什么节目全然忘了，但那些呼喊我却记住了。这就是 1994 年证监会信息统计部的情形：有很多计算机，但没有监管信息系统，没有整理过的信息。

当时国际业务部有数据，有彭博的行情终端，有大量的外资投行研究报告。我在国际业务部起初是为这些研究报告建数据库，每天上班第一件事是接收港澳办发给国际业务部的传真，这是当年我们获取信息的主要方式。传真内容主要是关于中国企业 H 股上市的新闻和动态信息，这些传真件十分重要，国际业务部先传阅，然后给海外上市部传阅，信息统计部很重视我们的信息，每天都派人来把接收的传真件复印后带走。

那时雅萍与刚从法国回来的林义相博士一个办公室，义相是第一位直接回证监会工作的“海归”，是 1992 年 10 月证监会成立之初即邀请回国的第一位高级专家。他曾在法国证监会、巴黎证券交易所、法国证券登记结算公司三个机构的业务部门实习了 8 个月。1993 年 8 月义相回国到证监会工作，当时没有相应的部门和编制，他的职位就挂在信息统计部，担任副主任，负责电脑和统计工作。

在雅萍的支持下，1993 年信息统计部开始建设上市公司交易监控系统，义相是项目负责人，刘春旭、高斌和陈仕华也参与了该项目。当时刚刚发生“宝延风波”，深圳宝安集团通过二级市场举牌上海延中实业，打响了新中国上市公司收购兼并第一枪，这个事件让大家看到了建立交易监控系统的必要性和迫切性。建立交易监控系统，不仅对证监会，也对刚起步的中国资本市场有着十分重要的意义。

义相设计并牵头建设了证监会第一版交易监控系统。他认为，建立有效的交易监控系统是对证券市场实施监管、保证市场正常运行的必要前提。证券交易的监控可分为实时监控和统计监控两大部分，实时监控的主要对象是证券交易的实际过程，目的在于实时监测其中的异常情况，统计监控是对某一时间段内的交易信息加以处理，在此基础上重新认识实时监控中发现的问题并为采取进一步的措施提供更有说服力的依据。证券监管部门可以从市场各方参与者的行为中找到进一步完善其规章制度和行为的契机。后来，这个项目为沪深交易所监控系统的设立积累了经验。深圳证券交易所的第一版交易监控系统是义相设计并指导时任深圳证券交易所信息部副总监及监察部总监冯立新建成的。上海证券交易所的交易监控系统建设得比较晚，屠光绍到上海证券交易所任总经理时曾两次请义相前去讲课，义相慷慨赠送了 280 页的设计方案。证监会最早的交易监控系统建成后，稽查局也就成立了。

1994 年，雅萍率团到野村证券学习，刘志超、杨勇平等同行。一开始日本人嘴上说着敬语，实际上对初涉资本市场的中国官员是轻视的，讲起资本市场，有掩饰不住的傲气和霸气。一个月学习结束回到中国后，雅萍给野村证券写过一封“震动朝野”的信。在信里，雅萍除了致谢外，还宣讲了中国证监会第一代监管人对发展中国资本市场的决心和信心，表明中国资本市场一定会以惊人的速度发展为世界之最。据说，野村证券的人读后大为惊讶，改变了对中国官员的看法，认为这批官员有雄心壮志，中国资本市场一定会在他们的任期内发展起来。野村证券还把雅萍的信复印后发送至每一个分支机构，让所有员工重新认识中国和中国的官员。他们不再轻视中国证监会，同时也加快了进入中国资本市场的脚步。当时我在国际业务部工作，切身感受到外事活动的频繁：时任处长的李冬萍忙于安排外事预约，预约最多的就是日本人；建熙主任桌上堆着各种涉外传真件；我和索莉辉等跟随建熙主任参加过多次外事活动。我记得有一次与七八个日本人会见，他们非常谦恭，大家在日式餐厅相见，席地而坐，在餐桌旁像老朋友似的侃侃而谈。后来才知道这些日本人都是雅萍“招”来的。

那时候我们都很年轻，对新事物充满了好奇，对未来充满着憧憬。

锐意进取之方庄（1995—1997 年）

1995 年，证监会从保利大厦搬到方庄，借用当时南方证券在方庄的办公大楼将近两年。方庄的办公楼很简朴，但工作氛围很好，大家工作之余还常常写写文章，互相交流观点，探讨对监管的认识。当时的上市部主任张景华常以“伐木人”为笔名写上市公司方面的文章，其他部门的主任也会在“联办”的周刊上发表文章，我们从这些文章中了解市场、上市公司、证券公司的各种问题，这样各部门都知道彼此在做什么、需要什么支持。

为了完成博士论文，我又回到了信息统计部。雅萍布置给我的第一项任务就是发挥我在情报检索语言方面的专长，为证监会整理信息资源，建立资讯系统。当时深圳巨灵信息公司在证券市场分类体系方面做得较好，我便向雅萍报告，找这家公司为证监会做了报刊检索系统，专门用来搜集“七报一刊”的新闻，特别是上市公司在“七报一刊”上披露的信息。信息披露监管系统是当时证监会迫切需要的，报刊检索系统建设由雅萍牵头、义相具体负责实施。一次，雅萍、义相、初壮和我去深圳巨灵信息公司调研，当时义相刚崴了脚，他是拄着拐杖一瘸一拐地与我们一起去的。雅萍、义相等跟深圳巨灵信息公司的负责人王锦国评估工作量，确定项目费用，一直讨论到凌晨4点多。义相脚伤得厉害，从深圳再到上海就撑不住了，住了两个星期的医院。这就是我们当年的工作精神，也因为雅萍的人格魅力，她带领的团队总是充满激情。义相曾回忆，他刚从法国回国时，雅萍帮他们安家，大热天和他们一起坐着当时北京最低档的出租车——黄色面包车（面的）去购买装修材料。有这样的好领导，能不全力投入工作吗？

经过多次调研，我们与深圳巨灵信息公司合作创建了证券市场报刊检索系统，信息统计部终于有了信息。这个系统可以从多个途径搜索有关上市公司的新闻和舆情信息。我们把指定报刊（“七报一刊”）的内容都录入了数据库。报刊检索系统很快成为各业务部门的工作系统。

在推进报刊检索系统的同时，雅萍花了很多时间研究交易所的信息开发与利用问题。她很注重调研，曾派我去调研上海证券交易所的信息管理和利用问题，还要求提交调研报告。正是那时我认识了上海证券交易所负责信息工作的王勇，在信息及统计工作方面，他所在的信息部给予了证监会信息统计部很多支持和帮助。雅萍也常常请深圳证券交易所信息公司总经理李罗亚同我们一起开会，给大家讲深圳证券交易所的信息管理情况，共同探讨问题、交流经验。

雅萍虽然不是技术专家，但是她懂经济、懂市场，她的宏观意识、前沿意识及国际化意识都很强。她注重监管业务需求，要求信息统计部根据一线监管部门的需求开发相应系统，我们为发行部管理过发行审核报盘软件项目，当时初壮是项目负责人。雅萍除了抓资讯系统和业务辅助系统，对统计工作也很下功夫，每周例会都会布置具体的任务和目标。

在方庄，当时信息统计部的很多工作都是具有开创性和填补空白意义的，如1995年信息统计部开始做证券期货统计年鉴，义相负责，钟蓉萨处长协助，当时协调了12个部门，如中国人民银行、国家外汇管理局、国资委、财政部等。

1996年雅萍带领信息中心的同志重点研究的问题

有：交易所信息服务与信息经营之间的关系；交易所信息收费的标准是否需要统一；建立证券期货市场信息系统的必要性与技术操作规范；证监会、交易所、证券公司、期货公司、中介机构、新闻媒体在信息市场中的作用；期货交易所信息披露的内容与范围等。

1996年2月12—13日，在雅萍主持下，一连开了两天的全国工作会议：一个是证券期货信息工作会议。参加会议的有上海证券交易所、深圳证券交易所、登记结算公司、14家期货交易所信息部门的负责人，以及证监会期货部的有关同志，共35人。另一个是证券期货统计工作会议。证券期货统计工作会议有三项议题，其中一项议题是请财政部国债司，人民银行非银行金融机构管理司、调查统计司，国家统计局统计制度管理司、国民经济核算司，国家外汇管理局外债司，国家计委财政金融司，上海证券交易所，深圳证券交易所，上海证券登记结算公司，深圳证券登记结算公司等分管负责同志就《中国证券统计年报（1995）》提出修改意见，并就1996年年报的编制工作进行充分的讨论。关于1995年年报，与会代表们一致认为，由证监会组织、在各部门精诚合作下，用不到两年时间编制的《中国证券统计年报（1995）》，是证券统计指标初成体系、证券统计工作步入正轨的标志，它填补了国民经济统计中证券市场统计的空白，为将证券统计纳入国民经济统计体系奠定了良好的基础。这是凝聚着12个部门近30位同志心血和集体智慧的结晶，它记录了我国证券市场从起步到初步发展的历史，是非常有价值的。

峥嵘岁月之金阳（1997—2004年）

1997年证监会又搬家了，这回搬到了金融街的金阳大厦，信息统计部在5层。在金阳大厦，证监会的信息化程度得到很大提高。我们建立了证监会官网，最早的网站颜色是绿色的，体现了雅萍关于证券市场公开、公平、公正的理念。

图1 1997年，徐雅萍在纽约

对于世界先进科技，雅萍一直在关注和跟踪，并极力促进其与中国资本市场的融合。雅萍曾学习和研究美国的EDGAR系统，她当初的理想之一是在证监会建成CEDGAR系统（China Electronic Data Gathering, Analysis, and Retrieval System），即中国电子化数据收集、分析及检索系统。在金阳大厦办公期间，雅萍开始研究并启动建设上市公司信息披露系统和上市公司监管系统。我们争取到了世界银行的支持，我曾随雅萍参加世界银行报告的验收会，伦敦证券交易所CEO赠送了我们一本关于XBRL（可扩展的商务报告语言）的英文原版书，我推荐给了上海证券交易所信息中心。上海证券交易所随后组织翻译该书，并开始实施XBRL计划。这是一场深刻的信息披露与监管革命，时任证监会主席助理的汪建熙博士在2004年的一次研讨会上预言，XBRL标准在中国证券业的应用，将会给市场带来一系列重要变化。

雅萍曾带领证监会上市部的同事考察国外的交易所，并全力推动XBRL技术在中国资本市场的最早应用。她还组织了多次研讨，在沪深交易所推行XBRL在信息披露方面的应用。在她的推动下，沪深交易所早在2002年就开始了XBRL的研究和应用推广，到2005年，沪深两市的所有上市公司均实现了用XBRL对定期报告的全文和摘要进行披露。上海证券交易所开发的一般上市公司、基金和金融类上市公司分类标准得到了国际认可，并且上海证券交易所的全覆盖实现常被作为典型案例在国际大会上进行宣传。2005年1月深圳证券交易所发布基于XBRL的“上市公司定期报告制作系统新版1.0”，要求深圳证券交易所全部上市公司利用该系统制作2004年年度报告，并直接生成XBRL实例文件。同年2月，“XBRL应用示范”在深圳证券交易所推出，实现了在网站上展示“深证成分股指数”样本公司的年报实例文件。这一创举不仅大大提高了上市公司信息披露质量，增加了市场透明度，而且也有利于保护投资者利益。自此，深圳证券交易所信息披露全程电子化正式启用，开启了基于XBRL标准上市公司定期报告的持续披露。

在基金信息披露XBRL应用方面，我们甚至走在了世界前列，受到国际社会广泛关注。2006年洪磊率先在证监会基金部推行XBRL在基金信息披露与监管工作中的应用，上海证券交易所、证监会信息中心给予了支持。很快，XBRL在基金行业开花结果，2008年9月1日，中国证监会发布了《证券投资基金信息披露XBRL标引规范》和《证券投资基金信息披露XBRL模板第1号〈季度报告〉》，这标志着XBRL开始在基金行业得到全面推广和运用。2010年证监会推行基金信息披露XBRL应用，又制定了《证券投资基金信息披露XBRL模板第3号〈年度报告和半年度报告〉》，要求各基金管理公司和托管银行自2010年2月9日起施行。2010年还制定了《证券投资基金信息披露XBRL模板第4号〈基金合同生效公告及十一类临时公告（试行）〉》。至此，XBRL在基金信息披露和监管中的应用在中国基金市场全面落地，其技术水平远远超过美国证监会及美国基金市场。洪磊在证监会信息中心协助下推行的XBRL应用，大大提升了基金信息的使用效率及基金业规范运作水平，有利于规避风险。那些年，美国证监会主席等官员来到中国证监会，一定会问询中国资本市场是如何推行XBRL的，这方面我们走在了全球资本市场的前列，美国人十分佩服，想知道我们是如何做到的。美国证监会还专门开了一次国际会议，邀请时任证监会主席助理朱从玖参加并介绍经验。证监会派我和上海证券交易所的石晓成博士参加了这次会议。后来，我和投保基金公司的葛伟平被XBRL国际组织选为执委会委员。时任深圳证券交易所总经理宋丽萍、副总经理邹胜，公司管理部副总监苏梅和上海证券交易所总工程师白硕分别代表交易所在 XBRL 国际年会上介绍了经验。

为统一标准，加快应用，证监会为此设立了 XBRL 工作领导小组，会计部的姚峰副主任是我们的秘书长，他有着超强的组织力与协调力，带领我们做了很多探索，做了大量的研究、调研和推广工作。姚峰副主任还参加了 XBRL 国际组织在法国的国际会议，代表中国证监会做了经验介绍，他的演讲获得了与会代表的热烈掌声。XBRL 在中国资本市场的应用成绩斐然，很多项目得以落地，这其中也得益于投保基金公司尤其是董事长陈共炎的支持，证监会电子信息披露领导小组常设机构就在投保基金公司；也得益于吉贝克公司的支持，其董事长刘世平博士，是数据挖掘方面的专家，在 IBM 工作期间先后获得了 4 项数据挖掘方面的技术专利，多年来，他非常执着地帮助证监会、交易所和基金公司把项目落地。我们这些成就更离不开交易所、证监会以及市场各方的大力支持。

图 2 2012 年 3 月，第 24 届 XBRL 国际大会中方代表合影

在金阳大厦办公期间，雅萍为证监会整合沪深交易所的信息资源花了很多心血，也受了很多委屈。中国资本市场的发展轨迹是，先有沪深交易所，后有证监会，所以协调统一调配沪深交易所的数据资源是很难的，但她还是全力以赴地去推动监管信息系统的建设。

1997 年，证监会开展了证券市场各项清理整顿工作。在北京清理和关闭非法交易市场和报价系统，关闭 STAQ、NET 法人股市场时，很多股民到证监会上访，有时闹得很凶，别人唯恐避之不及，雅萍却常常主动去与这些股民交流，邀请他们进会议室，为他们端茶倒水。据说只要她到场，股民们就会安静下来。她曾经当过煤矿工人，下过矿井，了解老百姓的感情和诉求，而来上访的散户投资人大部分都是普通老百姓，她与他们交流完全没有障碍。清理整顿工作不可避免地带来了社会稳定隐患，当时由上到下都有人强烈呼吁严格按《公司法》让一些上市公司退市。在这种背景下，雅萍有了在中国建立全国统一、规范的粉单市场的想法。她开始用心研究，做方案。可以说，新三板的雏形就是雅萍设计的，是从证监会信息中心诞生的。由于这一历史渊源，一些早年上访过的股民和最早参与此制度构想的市场人士称雅萍为“三板之母”。

我们在金阳大厦办公 8 年多。这期间，雅萍在证券期货行业标准化方面还做了很多开创性工作。我国证券市场发展初期，对上市公司没有统一的分类标准，这影响了相关信息的规范使用。国家统计局于 1984 年制定并于 1994 年修订的《国民经济行业分类与代码》（国家标准 GB/T4754—94），是按照产品的统一性对产业进行分类的，不能满足对从事多种产业活动的上市公司进行分类的要求。在这种情况下，沪深交易所对各自的上市公司进行了初步分类。但是，随着新上市公司家数的迅速增加，老上市公司的业务活动发生了较大变化，两种分类方法已不能满足需要。主要表现如下：（1）两种分类方法所依据的标准不同，因而划分结果存在着较大差异。上海证券交易所根据上市公司改制前所属的行业及上市公司的意见将上市公司分为五类：工业、房地产、公用事业、商业、综合。深圳证券交易所根据上市公司的招股说明书将其分为六类：工业、房地产、公用事业、商业、金融、综合。（2）两种分类方法过于粗泛，与国家统计局制定的《国民经济行业分类与代码》（国家标准 GB/T4754—94）存在较大差异。例如，工业类包括食品制造业、纺织业、家具制造业、造纸及纸制品业、印刷业、医药制造业、化学原料及化学制品制造业、金属制品业、计算机及电子产品制造业等多个行业，但在沪深交易所对上市公司的行业分类中仅笼统地将它们归为一类。（3）综合类企业过多，主营业务不清，透明度差，也有相当一些公司借此来掩盖其主业不突出的现状。据统计，截止到 1998 年底，沪深交易所共有综合类企业 138 家，约占上市公司总数的 16%。上市公司分类的不规范，导致证券市场基础信息的分类和使用不规范，给政府决策与监管，证券公司和投资者分析上市公司造成了困难，有时甚至会产生误导。为了提高证券市场规范化水平，中国证监会在总结沪深交易所分类经验的基础上，以国家统计局制定的《国民经济行业分类与代码》（国家标准 GB/T4754—94）为主要依据，借鉴联合国国际标准产业分类（ISIC）、美国标准行业分类（SIC）及北美行业分类体系（NAICS）的有关内容，拟订了《中国上市公司分类指引（试行）》（以下简称《指引》）。1997 年 12 月，雅萍主持召开了“中国上市公司分类指引讨论会”，对《指引》的内容及实施办法进行了充分讨论。1998 年 1 月，雅萍召集上海、深圳证券交易所对当时沪深市场的 120 家综合类公司（上海 76 家，深圳 44 家）进行了预分类，以检验《指引》的可操作性，研讨分类过程中遇到的问题和难点。3 月，雅萍邀请 12 家有代表性的综合类上市公司进行座谈，根据各公司提出的意见，对《指引》进行了改进。为了确保《指引》的科学性和可操作性，11 月，雅萍领导下的信息中心发文再次就《指引》向各证券监管办公室及全国主要的证券公司、基金管理公司、证券咨询机构等征求意见，并在此基础上做了进一步完善。最终，证监会于 1999 年以证监信字〔1999〕5 号文颁发了具有标志性意义的文件《中国上市公司分类指引（试行）》。《指引》由 7 个部分组成：（1）分类对象与适用范围；（2）分类原则与方法；（3）编码方法；（4）管理机构及其职责；（5）实施办法；（6）分类结构与代码；（7）分类说明。《指引》以在中国境内登记注册、经中国证监会批准、股票在国内外一个或多个证券交易所挂牌交易的上市公司为基本分类单位，规定了上市公司分类的基本单位、原则、编码方法、框架、辅助说明及其运行与维护制度，适用于证券行业内的各有关单位、部门对上市公司分类信息进行统计、分析及其他相关工作。《指引》的落地执行也明确了各方的责任和流程。从《指引》成文的全过程，我们可以清楚地看到雅萍的工作方法：既思路缜密，又充分尊重市场各方的意见。

1997年，在雅萍的力推下，证监会将信息统计部改为信息中心，增设了技术监管处，此后，她把证券期货行业标准化工作带入了全国金融标准化技术委员会。2003年末，全国金融标准化技术委员会设立了第一届证券分技术委员会（简称证标委），雅萍任主任，技术监管处杨淑琴（后任信息中心副主任、郑州商品交易所副总）任秘书长。很快，证标委与证监会联合颁发了一系列行业标准，如《上市公司分类与代码》《上市公司信息披露电子化规范》《证券公司信息技术管理规范》等。

1998年下半年到1999年，雅萍把主要精力放在证券市场信息系统安全工作上。其背景是在进入2000年之际，全球的计算机系统都面临“2000年问题”（Year 2000 Problem，简称Y2K，俗称“千年虫”问题），即由于计算机程序设计的一些问题，计算机在处理2000年1月1日以后的日期和时间时，可能会出现不正确的操作，从而导致一些敏感的工业部门（如电力、能源）、银行、政府机关等在2000年1月1日零点时工作停顿甚至发生灾难性后果。

自证监会1998年6月1日发布《关于限期解决计算机“2000年问题”的通知》开始，雅萍便全身心投入这项工作中。6月30日，证监会成立了全行业的证券（期货）业计算机“2000年问题”工作小组，雅萍亲自担任组长，主抓了证券业计算机“2000年问题”四次联网测试。她亲自到成都，一家一家证券营业部走，一家一家现场检查。1999年，证监会几乎每个月都发布有关信息中心的文件，如4月的证监信字〔1999〕6号文《关于加强解决计算机2000年问题的组织指挥和应急计划制定工作的通知》；7月的证监信字〔1999〕12号文《关于进一步深入解决证券期货业计算机2000年问题的通知》；11月的证监字〔1999〕22号文《中国证监会关于做好计算机2000年问题信息披露工作的通知》；12月的证监信字〔1999〕29号文《证监会关于对未进行计算机2000年问题信息披露的有关机构予以通报批评的通知》等。12月9日，《人民日报》发布了一条短讯：“记者今天从中国证监会举行的新闻发布会上获悉，经过两年来深入细致的工作，我国证券期货业解决计算机‘2000年问题’工作取得重要进展，支持业务的计算机系统‘2000年问题’已基本解决。在2000年到来时，证券期货市场各项业务可以顺利进行，广大投资者的证券及资金安全将得到保障。”由于雅萍和同事们的辛苦付出，全行业彻底扫除了“千年虫”这一大障碍。

抓“千年虫”，给证券市场带来了两个变化，一是各单位筹集资金，进行了全面的设备更新；二是此后证券市场信息系统投入大大增加。

自1998年开始，雅萍一直重点关注证券业信息系统安全问题。在她领导的信息中心同志们的辛勤努力下，证监会发布了一系列有关证券公司营业部信息安全的技术规范，包括证监信字〔1998〕2号文《关于发布〈证券经营机构营业部信息系统技术

图 3 1999 年，徐雅萍（前排居中）与信息中心年轻同志合影

管理规范（试行）》的通告》、证监信字〔1999〕3号文《关于检查〈证券经营机构营业部信息系统技术管理规范〉落实情况的通知》、证监信字〔1999〕18号文《关于发布〈《证券经营机构营业部信息系统技术管理规范（试行）》技术指引〉的通知》、证监信字〔2001〕7号文《关于检查行业落实〈证券经营机构营业部信息系统技术管理规范〉情况和信息系统安全状况的通知》。记得我曾和信息中心葛一苗处长到长春的证券公司现场检查过，一苗的政策和技术水平给我留下了深刻印象。一苗现在已是信息中心的巡视员。

雅萍很重视信息中心的队伍建设和人才培养，杨淑琴主任和白永明主任是历经沙场的老将，她便委以重任。招新人时，雅萍亲自面试和选拔，信息中心聚集了许多青年才俊。1999 年，雅萍从中科院软件工程设计中心挖来了计算机专家张野博士。张野毕业于北京大学计算机系，思维敏捷，技术水平高。张野没有辜负雅萍的期望，很快为信息中心拟做的系统开发出顶层设计，代号为“春蕾计划”。何龙灿是雅萍早期引进的人才，他在证监会统计部门、稽查部门和中国上市公司协会等很多工作岗位上都有突出的贡献。选初壮时，雅萍安排我亲自去中国人民大学外调，初壮进信息中心后，雅萍把很多监管业务相关创新项目交给他牵头做，初壮在证监会 XBRL 项目团队中表现突出，受到了证监会表彰。雅萍挑选的罗凯、姚前、许强现在都成了证监会部门领导或系统内单位领导，刘军、雷宇开、葛蓉蓉、马雪飞、郭均旺、刘叶青、钱宗宝等后来都成了证监会网站、舆情工作和证监会一线监管部门的业务骨干。雅萍从银河证券挖来的王毛路现在在区块链落地方面颇有声誉。雅萍深知人才对信息中心的重要，“霸道”地守着“她的人”。1997 年香港回归前，海外上市部任务非常重，李小雪主任希望将我调到他的部门工作，但是雅萍这关根本过不了，有一次，雅萍把李小雪主任堵在走廊的角落，不客气地对他说："别再打我的人的主意，我坚决不放！"

在雅萍和大家的共同努力下，证监会信息中心系统建设成绩斐然。2001 年建成了全国证券期货监管网络，这个网络可以实现和所有交易所及全国派出机构的互联；我们还建成了视频会议系统，与沪深交易所可以随时开三方会议；我们建成的办公自动化系统涵盖收发文管理、档案管理、公文流转等实用功能；我们还成功开发了适合全国派出机构使用的监管信息系统，可以对辖区内的证券经营机构、上市公司的数据进行统计和分析。

早在 1999 年，雅萍就帮助中国证券业协会成立了证券（期货）信息技术应用委员会。因为证券（期货）经营机构不断向协会反映在计算机商务活动中存在欺骗、敲诈等问题，强烈要求中国证券业协会保护其合法权益。该委员会接受中国证监会信息中心的指导，致力于保护会员在信息技术应用中的合法权益，开展信息技术应用的推广与培训，跟踪国际、国内信息与计算机技术的新发展，对行业技术发展提出建议，制定行业专业技术人员行为准则和职业道德规范，配合中国证监会加强行业自律管理。2003 年 3 月 31 日，在信息技术应用委员会第一次会议上，时任证监会副主席屠光绍在致辞中指出，行业信息系统的安全和发展是证券市场的重要基础，它的稳定性、可靠性和实时性对实现公开、公平、公正原则至关重要。在全体会员、交易所、协会、政府监管者的高度重视和共同努力下，我国证券信息系统与网络的安全和管理水平有了很大提高，积累了适合行业发展的管理经验和运作方式，为证券市场的稳定发展和改革开放提供了良好的保障。

图 4　2003 年 8 月 19 日，在青岛举办的中国证监会派出机构信息技术人员培训班合影，居中绿衣者为徐雅萍

雅萍和信息技术应用委员会专家们在之后的监管岁月中，不辱使命、勤勉敬业，在创新和挑战中前行，为提高证券期货行业的竞争力作出了不懈的努力。

雅萍每年都会组织召开一次全国证券系统信息员工作会议，这对派出机构的信息员来说是非常期盼的。通过会议，可以接触到前沿的技术和理念，加强同行间的交流。在工作实践中成长起来的信息员后来大多去了机构部、上市监管部，走上领导岗位或成为业务骨干，去了市场的则成为高管。如深圳证监局的谌传立、大连证监局的赵智、安徽证监局的袁宏生、福建证监局陈青华等。雅萍与各地派出机构的主任们像朋友一样相处，她的办公室就是派出机构之家，她熟悉派出机构的每一位信息员，关心他们的喜怒哀乐。逢年过节，雅萍会亲手为派出机构的信息员们写贺卡。她爱护、倾听和信任他们，他们则对她充满敬意。国信证券副总裁、首席工程师廖亚滨回忆说，那是一段峥嵘岁月，监管开明而专业，主动倾听市场的声音，采纳市场建议，而市场在问题解决的过程中不断成长。银河证券副总裁朱永强回忆道："我记忆最深的是加入信息技术应用委员会后，徐主任对我们这批人关怀备至，全方位指导我们，教会我从大局出发思考问题和解决问题。"

硕果累累之富凯（2004—2007 年）

2004 年，证监会搬到富凯大厦办公，信息中心在 10 楼一整层，信息中心的工作也更上一层楼。资讯系统已经很完善，又与新华社合作为证监会各部门及全国派出机构做了"特供系统"，这个系统可以跟踪上市公司、证券公司、基金公司、交易所、市场等的舆情。证监会网站功能不断增加，从政务公开到在线办事再到公众参与，及时性、透明度不断提升，真正成为服务资本市场和投资者的有效平台。在全国部委网站的年度排名中也从 60 多名提升到十几名。这个过程中雅萍付出了很多心血。她任主任后期，信息中心增设了网站处，她主持召开过全系统的视频工作会议，多次在证监会内部各部门开展调研、召开全系统信息员工作会议，到各派出机构调研、听取意见和汇报。

2001 年，信息中心开始为会机关和全系统设立 IT 服务呼叫中心和监控台，平均故障处理时长从 1 小时降至 20 分钟。电子化监管框架基本形成，建成了 600 平方米的中心机房及物理隔离的电子政务外网、监管内网和涉密网三套网络，统一规划了办公、邮件、资讯、网联网、监管业务应用等系统。证监会的工作已经离不开信息系统的支持。

2004 年，雅萍在当选中国证券业协会副会长后寄语会员："我始终认为，企业发展，人民幸福，是国家富强的标志，并且，个人的价值蕴涵在对它的追求过程中。我愿与公众投资者、市场参与者、行政监管者一道，集中业界的智慧，以坚定的信念和不懈的努力，做大中国证券市场的'蛋糕'。"

雅萍在任职信息中心主任的同时兼任中国证券业协会副会长，她花了很多精力在新三板代办股份转让系统的规划上。中国的三板市场起源于 2001 年"股权

图5 2005年6月，中国证监会第八期稽查干部培训班合影，前排左二为徐雅萍

代办转让系统”，包含三类企业股：第一类是历史遗留问题股票，主要指从STAQ、NET法人股市场转过来的股票；第二类是因为连年亏损而被迫从主板摘牌的企业股票；第三类是2006年初国家批准中关村科技园区的高科技企业在三板市场进行交易后挂牌的企业股票。前两类目前统称为“老三板”，第三类就是当下火热的“新三板”。

曾任中国证券业协会副会长的马庆泉曾撰文写道：“新三板的建设应该说是第三届协会的一项重要成就。这个工作的探索在第二届协会的时候已经开始，到第三届协会的时候开始强力推进。这个工作在第二届协会的时候，由证监会信息中心主任徐雅萍同志牵头组织，后来徐雅萍和邓映翎同志先后调入证券业协会工作，在协会成立金融创新专业委员会后，则由邓映翎同志担任主任，专职负责这项工作，进行前期论证、方案和运行机制设计等。协会从深圳证券交易所借调过来一批专业人员组成团队，他们做了许多基础性、创造性、实质性的有意义的具体工作，为新三板的建立打下了坚实的基础。在庄心一同志领导下，协会与证监会和国务院有关部门密切沟通，以中关村高科技企业为突破口，为多层次资本市场的建立作出了重要贡献。在这里，我想说，因为徐雅萍同志英年早逝，她早期在多层次资本市场建设中的工作贡献应该在此记上一笔。”现任中国证券业协会党委书记、会长安青松博士回忆道：“在中国证监会时，曾随雅萍主任在美国考察粉单市场，规划三板市场，从东部到西部一路同行，感受到她的专业、敬业和亲善，记忆犹新。”

2005年春，包括《证券公司信息技术管理规范》在内的八项证券期货行业标准由证监会正式颁布实施，这是我国证券发展史上的一个重要里程碑，对整个行业产生了广泛而深远的影响。《证券公司信息技术管理规范》作为其中唯一的将技术、管理融为一体的标准，充分揭示了证券公司信息工作“三分技术、七分管理”的实质，该标准的实施，不但极大地提高了证券公司的信息技术应用水平，同时也从根本上促使证券公司信息技术管理水平再上一个台阶，对证券市场的健康发展起到了积极推动作用。《证券公司信息技术管理规范》通过了全国金融标准化技术委员会的审查，委员们认为，本标准的制定填补了国内证券公司信息技术管理标准的空白，可有效规范证券公司信息技术管理行为，提高证券公司风险控制能力，为证券市场的规范发展提供技术保障。

去如秋叶之静美

2007 年 1 月 11 日，雅萍因病永远地离开了我们。那一刻我正在参加全国政府网站评比与表彰大会，证监会网站再次名列前茅。拿到这个荣誉的那一刻，我朝着雅萍住院的武警总医院方向深深鞠了一躬，向雅萍报告与道别。

雅萍生前曾有一本未完成的译著《华尔街变迁史》，弥留之际她嘱托老朋友陈浩武替她主持完成，浩武实现了她的愿望。两年后，2009 年，中国证券业协会黄湘平会长、俞白桦副秘书长将此书在中国财政经济出版社出版。中国证监会首任主席刘鸿儒先生欣然为雅萍的译著作序，并担任中文版编委会主任。成书之际，他在美国连夜为序言和后记审校，完成之时已是午夜。雅萍的老同事、老朋友林义相博士，不仅参与了审校，还牺牲了与家人团聚的春节假期，仔细通读该书全文，提出了颇有见地的意见，并结合国际金融形势的发展变化撰写了序言二。

深圳证券交易所原总工程师、证券交易实现无纸化的主设计人、深圳证券通信有限公司的创建人王侯评价，雅萍对证券业信息技术发展功不可没。在她任期内，信息技术工作从被视作边缘的、可有可无的辅助性工作转化为证券业的支撑主力之一，这与她有力地组织发挥了整个证券业的信息技术英才的作用，让各级领导认识到技术工作的重要性和技术人才的功劳是分不开的。

雅萍的宏观视角、远见卓识影响过很多监管者和投资者。她 20 年前倡导和探索的科技监管理念，我们还在继续落地，她绘制的蓝图我们正一步步实现。雅萍离开后，张野带领信息中心同事们拼搏奋斗，信息化建设成就斐然。2014 年开始建设中央监管信息平台，整合了证监会各方面的监管应用系统，通过数据共享和流程互通，大大提高了监管针对性。

2017 年，信息中心开始研究资本市场的大数据监管。这个监管科技 3.0 是在传统信息技术基础上，充分利用人工智能、大数据、云计算、区块链等先进技术手段，对传统技术手段进行升级和完善，无论从技术上还是理念上都进行了深层次转变。

2018 年 8 月，中国证监会发布《中国证监会监管科技总体建设方案》，标志着证监会初步完成了监管科技顶层设计，并逐步进入全面实施阶段。

2019 年，在张野的领导下，信息中心已建成监管科技 3.0 的规章制度体系，完成五大基础分析能力工程方法的研究工作，组建了证监会科技监管专家咨询委员会，编制完成了证监会大数据平台建设的技术指引等规范性文件，开展上市公司、拟上市公司及私募公司的画像系统建设。

现在，中国的 XBRL 监管系统与信息披露系统的技术水平在全球资本市场遥遥领先。2019 年 10 月，信息中心主任张野出席 XBRL 国际会议并做了主题演讲，他说未来中国 XBRL 标准主要有三个方向：监管报送、咨询服务智能化和定向披露。这是雅萍生前的未尽事宜和未完成的事业，也是资本市场的重大课题。在数字智能时代，监管科技前景可期。

2019 年证监会设立了科技监管局，负责证监会科技管理与建设工作，统筹证监会科技发展规划和信息化建设计划，指导协调证券期货行业、金融基础设施科技建设工作。这些职能雅萍在世时谋划过、组织过、部分落实和实现过。令人欣喜的是，信息中心的老同事姚前由中国证券登记结算公司调回，任中国证监会科技监管局首任局长，在他熟悉的领域领导大家再创辉煌。

2012 年，国务院正式批准成立全国中小企业股份转让系统（简称全国股转系统，俗称新三板），其运营机构全国中小企业股份转让系统有限责任公司于 9 月 20 日注册成立，2013 年 1 月 16 日正式揭牌运营。近年来，新三板得到快速发展，截至 2020 年 12 月 31 日，挂牌企业已有 8187 家。2020 年，新三板推出精选层。2021 年 9 月 2 日，证监会表示，将进一步深化新三板改革，以现有的新三板精选层为基础组建北京证券交易所，同步试点证券发行注册制。次日，北京证券交易所完成工商注册。11 月 15 日，北京证券交易所开业运营。雅萍当初的设想和愿望得以实现了！

2004 年新年，雅萍写过两段寄语："昨天是历史，今天是存在，明天是希望。""生活好，活着好，生活在这沸腾的喧闹的时代更加好！"三年后她离世，重读她写的寄语，我百感交集。那一年，我提议的寄语选自英国已故登山家乔治·马洛里的名言"为什么要攀登？因为山在那里"，这句话一下吸引了雅萍，她赞道："说得多好！我们为什么要努力工作，因为证券市场在那里。我们为什么要奋斗，因为责任和使命在那里！"

锦瑟无端五十弦，一弦一柱思华年。雅萍给我们留下了很多美好的回忆、很多值得骄傲的时刻；雅萍给中国资本市场留下了宝贵的精神财富、很多无可比拟的成就。她是证监会永不凋谢的铿锵玫瑰。她高瞻远瞩的视野和坚毅无畏的精神将永远鼓励和激励我们。■

（照片提供：李为）

■ 作者简介

李为，武汉大学理学博士，中国政法大学法学博士。曾任中国证监会国际部副处长、信息中心副主任、证监会政务公开领导小组办公室成员。

专题研究

1991—1998 年的股票市场

《中国资本市场三十年》课题组

在 1992 年国务院证券委和中国证监会成立之前，全国并没有统一的证券管理部门。中国人民银行肩负着股票等证券发行市场的主要管理工作，国家计委、国家体改委等一些政府部门也参与管理。这时，股票市场作为试点，主要在上海和深圳两地，因而股票发行也基本控制在这两个城市。股票发行市场的地区性特征十分明显。

1993 年后，股票市场试点由点及面，扩大到全国，并以 B 股、H 股等方式开始面向境外投资者发行股票。为达到监管的目标，1993 年起，股票发行实行额度控制的办法。当年，下达了 50 亿元新股发行额度。由于企业发行筹资愿望强烈，1994 年继续增加 50 亿元的发行额度，扩容速度很快。1996 年后，伴随着经济形势的逐步好转，股票市场的需求迅速回升并且扩大，股票发行的速度明显加快。

1997 年，上市公司的行业分布有了较大改善，涉及各个行业，特别是能源、交通、通信、基础原材料、现代农业和高新技术产业的比重有所提高。同时，通过资产重组实现了部分上市公司的产业转型。

一级市场股票供不应求

一、股票发行市场规模不断扩大

1991 年起，随着经济建设的发展和改革的深化，我国股票市场开始进入快速发展阶段，股票发行的步子也逐步放大。这既表现在股票发行手段的探索上，更体现在股票发行规模的扩大上。

1991 年国务院明确规定广东、海南、福建三省作为公开发行不上市股票的试点省份，同时，还有一些符合条件的省市也被允许公开发行不上市股票。这样，我国股票发行市场开始向更具规模的方向发展。

自1993年起，我国股票发行试点由沪深两地向全国推广。股票市场作为市场体系的重要组成部分，通过股票价格的波动调节资金的流向，有利于促进资本要素的有效配置。由于改革的直接推动，我国股票市场在1993年之后迅速发展，市场规模不断扩大。1991—1998年我国股票发行情况如表1所示。

表1 1991—1998年中国股票发行统计简表　　单位：亿股、亿元人民币、%

年份		1991	1992	1993	1994	1995	1996	1997	1998	合计	比重
发行股数	A股	5.00	10.00	42.59	10.97	5.32	38.29	105.56	86.30	304.03	43.00
	B股		10.75	12.79	10.40	10.90	16.05	25.10	9.90	95.89	13.56
	H股			40.41	69.89	15.38	31.77	136.88	12.86	307.19	43.44
	小计	5.00	20.75	95.79	91.26	31.60	86.11	267.54	109.06	707.11	100
发行筹资	A股	5.00	50.00	194.83	49.62	22.68	224.45	655.06	409.09	1610.73	46.31
	B股		44.09	38.13	38.27	33.35	47.18	107.90	25.55	334.47	9.62
	H股			60.93	188.73	31.46	83.56	360.00	37.95	762.63	21.93
	AB股配股			81.58	50.16	62.83	69.89	170.86	334.97	770.29	22.14
	小计	5.00	94.09	375.47	326.78	150.32	425.08	1293.82	807.56	3478.12	100

资料来源：《中国证券期货统计年鉴（2008）》。

二、新股发行方式的探索

在证券交易所正式开业前，股票公开发行较少采用，当时的股票发行主要是面向内部职工和特定法人的定向募集。1991年以后，新股均采取公开发行的方式。同时，从发行价格是否确定来看，主要有定价发行和竞价发行两种。不过，在这一阶段，新股定价发行属于主流。

1992年1月19日，为了配合新股发行，解决1991年股票发行中遇到的影响交通、危及社会治安等问题，上海推出了股票认购证。股票认购证每张售价30元，可参加1992年全年新股抽签。股票认购证由申银证券、万国证券、海通证券3家公司代理发行，中国工商银行上海市分行担任财务代理。

1992年，上海共发行4批新股，股票认购证的累计中签率奇高，导致股票认购证黑市交易盛行。与此同时，深圳发生了新中国证券史上一次重大事件——“8·10风波”。股票认购证或股票认购表的推出，在当时股票严重供不应求的情况下，初衷是解决供求矛盾，但这种发行方式也存在明显缺陷。“8·10风波”的发生，使得人们谨慎看待限量发售股票认购表的发行方式，也标志着这种新股发行方式完成了历史使命。

1993年以后，发行市场开始尝试新的方式。其中，影响较大的主要有以下几种。

1. 无限量发售认购抽签表

1993年4月公布实施的《股票发行与交易管理暂行条例》规定，采用无限量发售认购抽签表方式，再用比例配售、比例累进配售或抽签等方式发售新股。这是1993年我国公开发行股票的主要形式。在规定期限内，投资者可随意购买申请表；发售期限结束后，根据申请表实际发售数量和股票发行数量计算出中签率，再通过抽签决定中签号；中签者可凭中签表购买股票。

与限量发售方式相比，这一方式可有效消除排队认购申请表、“走后门”买表和借买身份证现象。其中签率由市场供求决定，初步体现了“三公”原则。但实践证明，这种发行方式也存在一些弊端，如提高了投资成本和风险，使股票市场出现“失血”等。由于无限量发售认购抽签表存在上述缺陷，不久，就很少有公司采用这种方式发行新股。

2. 与银行储蓄存单挂钩的模式

这一方式分全额定期存单方式和非全额定期存单方式。两者的区别在于存款额的不同：前者每张专项存单的金额等于中签后每张存单可认购股票的全额认股款，后者每张专项存单的金额小于全额认股款；通常是 500 元或 1000 元。

这种方式比起无限量发售认购抽签表方式有所进步。它克服了无限量发售认购抽签表方式的缺陷，大大减少了社会资源的浪费，降低了一级市场的投资成本和风险，减轻了股市的“失血”。但它仍有一些缺陷。这主要表现在以下几个方面。

首先，仍然会造成股市阶段性“失血”。把股票发行与储蓄存单挂钩，将使股市资金被强制冻结。以 10% 中签率计算，被冻结资金相当于股票发行金额的 9 倍。

其次，仍旧存在用公款存入、中签归私人的不正常现象。由于专项存款利率与银行同期限存款利率一样，因此用公款进行此专项存款就不易被发觉，从而使个人从中渔利。

再次，容易出现低价买卖未中签存单的现象，扰乱金融秩序。

最后，造成资金大搬家，给银行管理带来困难。

3. 全额预缴款方式

1996 年，股票发行市场出现了全额预缴款的发行方式。它包括“全额预缴款、比例配售、余款即退”和“全额预缴款、比例配售、余款转存”两种方式。前者指投资者在规定的申购时间内，将全额申购款存入主承销商在收款银行设立的专户中，申购结束后转存银行专户进行冻结，在对到账资金进行验资和确认有效申购后，根据股票发行量和申购总量计算配售比例，进行股票配售，余额退还投资者。

4. 上网竞价模式

1994 年 6 月，哈岁宝和琼金盘 A 分别利用上海证券交易所和深圳证券交易所交易系统，使用上网竞价发行方式。这种方式充分利用了沪深交易所拥有的先进交易系统，提高了发行效率。

但此种办法也有一些缺陷，主要表现在以下几个方面。第一，在市场过热而投资者缺乏风险意识的情况下，容易造成发行价过高。第二，券商和发行公司常常人为抬高价格。而发行价格的高低直接关系到发行公司的股票发行收入，且由于发行人认购价格和公众股认购价格不一样，因此发行人与承销商常常希望通过大量高价买入申报来提高发行价格。第三，发行价格过高，增加了投资者的风险。

5. 上网定价模式

上网定价发行充分运用了现代高科技成果和证券交易所现有的交易系统，省时、省力、覆盖面广。投资者不管是在全国什么地方，只要在证券营业部开户，并在账户上有相应的资金，就可以参与申购。从承销商的角度来看，这种发行方式极为快捷，在一个交易日内就可以将股票发行出去，并在次日就能得知中签率。因此，上网定价模式是目前效率最高、交易费用最低、最有利于广大投资者参与的发行方式。

三、A 股股票发行的特点

1991—1998 年，在我国的股票发行总额中，A 股的家数明显多于外资股。从 A 股发行市场的情况看，所呈现的特点主要体现在以下几个方面。

（一）股票发行实施严格的额度管理

1993—1997 年，股票的发行实行发行规模与发行家数相结合的额度管理制。

额度管理制在市场快速发展的初期，在中介机构和投资者尚不成熟的情况下，较充分地利用了国家行政力量来选择上市公司，促进了证券市场的迅速成长。然而，这种带有计划色彩的发行管理制度存在着明显的缺陷，除了易滋生寻租和腐败问题外，还直接或间接对上市公司造成了以下两方面的影响。

1. 使上市公司小型化

一方面，上市公司小型化使股票市场缺乏稳定的基础；另一方面，规模较大、行业前景较好的大企业却因所需发行规模太大而较难上市。这不仅限制了大型企业利用股票市场筹集资金，而且使上市公司整体上在国民经济中的地位和作用有限，使股市与整个国民经济的相关性降低。

2. 使上市公司行为发生异化

这主要表现为以下几个方面。

（1）缩小股本。企业缩小股本可能造成国有资产流失。

（2）大比例、频繁配股。虽然配股的局限性明显，但由于上市公司配股同它的首次公开发行一样，并非完全的市场行为，加上国内企业外部筹资手段受到很大限制，配股成为上市公司除银行贷款之外主要的甚至是唯一的外部融资手段。

公司配股权利本身成为一种资源，由于公司发行股票时受到额度的严格限制，配股成为公司在上市后扩大股本以规避管制的手段。大比例、频繁配股的泛滥，造成资源配置效率十分低下。由于额度管理制度未能建立起市场需要的发行机制，政府不得不深度介入公司上市以后的监管，这难以形成更为有效的市场自身的供求关系与约束机制。

（3）股票发行规模产生信息误导。股票发行本应是正常的市场行为，但由政府事先确定的发行规模告诉市场这样一个信息：一段时期内股票的供应新增总量是可以确定的。这种信息干扰了市场的正常运作，使在正常情况下应由市场决定的股票发行量通过行政方式下达给市场。这种计划性的调控手段与股票市场运行机制不符，不能促使投资者形成稳定、长期的预期。它在一定程度上也导致市场需求呈现出投机性特征。当管理层把发行规模作为调节股票二级市场的手段时，其弊端表现得更加明显。

同时，从股票发行上市的历史来看，发行上市的规模和节奏始终受制于二级市场的走势，使发行规模常常根据以往的市场情况确定，不可避免地具有滞后性和随意性。在执行过程中，不得不经常改变股票发行规模。

（二）股权结构的人为分割

国内证券市场存在独特的股权结构，这就是国家股、法人股和社会公众股的分别设立。国家股和法人股不能上市流通转让，可交易的仅仅是向社会公众募集的那部分股票。据统计，1996 年底在证券交易所上市的 A 股流通股本仅为 310 亿股，全部上市公司总股本为 1134 亿股，流通股本仅占全部股本的 27%，如果国家股、法人股上市，则意味着当时的流通股本将扩大 3 倍。股权结构人为分割的结果体现在以下几个方面。

（1）股票市场对上市公司内部机制难以发挥作用，由于占比过低，个人股东只能“用脚投票”（卖出股票），而不能用手投票，不能在股东大会上充分发挥作用。这使股票市场对上市公司的监督作用极低，上市公司的有效治理结构难以形成。

（2）由于约 70% 的上市公司存量资产难以有高的流动性，股票发行市场只能起到增资作用。存量资产很难流动，企业重组、兼并收购、资本经营功能就不能实现，股票市场就不能发挥资源配置作用。

（3）股票市场价格信息失真。由于约 70% 的股权未上市流通，所以股票价格只能反映出可交易部分股票的价格，而市价总值（公司权益价值）是按全部股本乘以市场价格计算的，因而也是不真实指标，最多算是账面价值。另外，由于投资者投资股票市场是基于预期的，在投资人没有得到公有股份何时流通的时间表，而又确知未来公有股份势必要流通的情况下，希望规避长期投资的风险，客观上造成了投资者投资行为短期化。事实上，非流通股的过高比例增加了市场风险。

（三）股票发行定价与新股炒作

股票发行价格的确定是股票发行最基本的内容之一，也是技术性最强的环节之一。新股发行的准确定价，直接影响发行人与认购投资人的利益，体现发行公司的真正价值和市场供求关系，同时反映承销商的水准。发行价格过低，是对原有股东利益的侵害，未能为发行人募集合适的资本。这样，认购市场会出现需求远大于供给的失衡局面。发行价格过高，又会抑制投资人的认购意愿，影响股份的顺利发行及上市交易后的市场形象和活跃程度，并增加承销人的风险。由此可以看出发行价格确定的重要意义。在证券市场的此发展阶段，股票发行价格的确定，体现了以下几个特点。

1. 新股发行价由政策规定

受国内股票市场发展的限制，以及政府实施审查，当时规定股票发行市场中采用市盈率法统一计算新股发行的价格，即新股发行价 = 每股税后利润 × 市盈率。根据 1996 年底中国证监会发布的《关于股票发行工作若干规定的通知》，上述计算公式中每股税后利润以公司近 3 年平均每股税后利润计算，而发行市盈率则基本上由主管部门限制在 15 倍左右的水平。由此可以看出，主管部门对新股发行定价规定得十分具体详细。这一规定采取的定价方法的基础是发行公司的业绩。为了避免预测利润的随意性和虚假性，放弃了原用的以预测利润为基础的定价方法，同时为了避免某一年盈利情况的偶然性，采用了近 3 年平均每股税后利润的方法。这一定价方法的基础无疑是正确的，但主管部门给定新股发行市盈率水平，显然是直接介入了发行市场的股票定价过程。受管制的发行市盈率远低于同期二级市场平均市盈率，起到了限制发行价格的作用。这一规定的出发点是防止发行价格过高，保护投资者利益，但是，直接对新股发行价格作出硬性规定，也反映了以行政手段取代市场机制作用的一面。

2. 一级市场与二级市场的脱节引发新股炒作

新股发行市场呈现出异常火爆的局面，每只新股发行都获得了高倍率的超额认购，冻结了巨量资金。与之相适应，新股上市交易即获利 100% 以上。A 股发行价格低估最为严重，直接导致大量资金涌向一级市场，因此产生的问题体现在以下几个方面。

（1）违规拆借、透支资金参与一级市场认购新股。一方面，股票发行价格过低，上市后获利丰厚，并且申购资金安全性极高，风险极小；另一方面，其他金融市场依然保持着低利率水平，银行存贷款利率、国债利息率、国债回购资金收益率仅维持在 10% 左右的水平上。

（2）大量资金认购新股，使新股投机炒作严重。认购新股极低的中签率使散户难以中签，新股认购成为资金实力的较量，新股大多数被机构控制。由于新股有送股、公积金转股等题材，没有历史套牢盘，成为大户、机构的炒作对象。同时，机构、大户出于控制更多股份以利于上市后炒作的目的，也会调集大量资金认购新股。

3. 发行市场的基础构成（参与主体）存在缺陷

证券发行市场是证券发行人通过中介人向社会进行证券招募、投资人认购其证券的市场。证券发行市场由发行人、投资人和中介人等基本要素构成。在国内发行市场上，参与主体存在缺陷，使发行市场的供求关系与制衡机制难以形成。

（1）发行人问题。上市公司是证券发行法律后果与责任的主要承担者。发行人需要在发行完成之后承担持续性义务与责任。在国内股票发行市场中，发行主体未能建立起内在约束机制。预算软约束使发行人可以利用发行市场套取资金，企业也存在严重的“内部人控制”问题，扩张欲望强烈。股票市场对上市公司的治理结构未能产生激励作用。

（2）需求结构缺陷。证券投资人构成了证券市场的需求基础。在国内股票市场上遇到的主要需求问题是需求结构单一、需求基础薄弱。国内股市是一个以个人投资者为主体的市场。在机构投资人中，如投资基金等专业投资机构作用很弱，相反，证券公司和企业在其中却起到较为重要的作用，甚至具有呼风唤雨的能量。

（3）中介机构的作用未能充分体现。证券承销机构是证券发行市场中最主要、最关键的中介机构，根据法律规定和自身商业利益，它负有对发行人经营状况的尽职调查义务，并且对其承销证券的招募说明书的真实性和完整性负有连带责任。不过，当时证券市场的实际情况是：发行市场竞争激烈，承销人过分迁就发行人，忽视了投资人的利益和自身风险。承担一级市场股票发行是投资银行实力、形象与信誉的最有力的体现，同时又可获得可观的发行费用。因而，一些券商使尽浑身解数，全力争夺。常常是一个发行项目，多家券商竞争，竞相向发行企业提供优惠条件。这样，承销机构难以对发行人作出完备、公允的审查与评价。一方面，使股票认购人不能得到真实、准确、完整的信息，投资人利益可能蒙受损失；另一方面，也使承销人承担了更大的风险。

四、外资股的诞生

（一）B 股的产生与发展

我国的外资股分为境内上市外资股和境外上市外资股两种。境内上市外资股又称 B 股。境外上市外资股则以 H 股为代表。

经中国人民银行和上海市人民政府正式批准，真空 B 股（今云赛 B 股）成为第一只向海外发行的股票。真空 B 股从 1992 年 1 月 20 日起进入承销期，同年 2 月 21 日在上海证券交易所上市，当日交易十分旺盛，其开盘指导价为 71 美元 / 股。到当日上午收市时，收盘价达 88.5 美元 / 股，涨幅为 24.65%，成交量为 3430 股。这显示出海外投资者十分看好 B 股。

内地 B 股首发告捷，在港澳金融界、实业界引起了强烈反响。这说明 B 股已经扣响世界的大门，向证券市场国际化迈出了重要一步，也标志着上海在金融体制改革中的重要突破，为我国吸收和利用外资开辟了新的途径。

真空 B 股尽管拔得境内上市外资股发行成功的头筹，但深圳 B 股发行的启动也并不慢。深圳早在 1989 年春就已有了发行外资股筹资的设想。1991 年，深圳作为我国建立的第一个经济特区，在金融市场方面放开引资限制是形势的必然要求，于是特区政府就把通过股市吸引外资列入了重要的议事日程。1991 年 12 月 18 日，深受海内外各界人士热切关注的 9 家上市公司的 B 股承销签字仪式在深圳隆重举行。香港联合交易所 12 个一级会员中有 9 个来深圳包销 B 股，美国摩根士丹利公司以及我国香港的振通、百富勤、浩威等证券公司和渣打、汇丰、花旗等银行均参加了 B 股的包销、经纪和清算业务。

自1992年初中国发行第一只B股以来，在初期的几年中尚未遇上严重的渠道不畅问题。但由于发行B股的公司大都规模较小，信息披露水平不高，流动性不强等，B股的交易市场长期处于低迷状态，以致影响到市场的进一步扩容，并造成一二级市场间的恶性循环。B股二级市场的不佳表现，使国际投资者信心不足，一级市场的发行也受到阻碍。到1998年底，我国共上市B股106只，筹资金额25.55亿元，流通市值为206.36亿元（见表2）。

表2　1992—1998年B股一级市场发行情况统计

年份	1992	1993	1994	1995	1996	1997	1998
境内上市外资股（只）	18	41	58	70	85	101	106
发行B股数（百万股）	1221	2849.4	4683.81	6155.37	8534.11	12509.74	14138.44
市价总值（百万元）	7005.92	21385.58	17458.22	16370.09	39383.13	37504.41	20635.62
流通市值（百万元）	5123.35	17860.26	15502.16	14727.94	35302.19	34834.21	19558.43
成交量（百万股）	402.02	1739.97	2531.51	2424.2	6821.52	8872.02	6160.48
成交金额（百万元）	3122.71	10465.62	12454.97	7786.54	27987.82	42661.92	12653.13

资料来源：《中国证券期货统计年鉴（2008）》。

（二）H股的发行

在B股市场发展的同时，国家决定继续进行国有大型企业到海外发行股票的改革试点，H股是中国通过香港这个国际资本市场进行筹资的主要工具，是解决国企问题的重要手段，是推动中国企业和中国资本市场走向国际的重要途径。

1991年6月4日，香港联合交易所宣布成立“中国研究小组”，负责对与中国有关联公司在港上市的可行性做研究，并探索香港联合交易所在中国扩大集资功能的潜在角色。

1992年7月15日，海虹集团公司上市。此为首家中国企业通过在港成立控股公司而上市的个案。1993年2月，红筹股骏威投资新股超额认购达658倍，冻结资金241亿港元，创下香港股市历史最高超额认购纪录。6月17日，香港联合交易所为适应中国企业来港上市而对上市规则作出的修订条例颁布。19日，中国证监会、上海证券交易所、深圳证券交易所与香港证监会及香港联合交易所在北京签订证券市场监管合作备忘录。这些为H股在港上市做好了铺垫工作，并曾引发认购热潮。

1993年7月，青岛啤酒H股在香港获巨额认购并顺利上市，开创了中国企业在香港国际资本市场集资上市的先河。

青岛啤酒H股的推出，是有深刻的历史背景的。青岛啤酒股份有限公司的前身是国营青岛啤酒厂。1993年6月经国家体改委批准，由原青岛啤酒厂作为独家发起人，在吸收合并原中外合资青岛啤酒第二有限公司、中外合作青岛啤酒第三有限公司及国有青岛啤酒四厂的基础上，创立了青岛啤酒股份有限公司，成为全国首批9家境外上市的股份制试点企业之一。同年8月，青岛啤酒在国内发行了A股并于8月27日在上海证券交易所上市。这样，青岛啤酒就成为首家在香港联合交易所上市的中国企业，同时也成为第一家同时上市A股和H股的企业。

青岛啤酒H股的上市，揭开了内地企业直接在境外上市的序幕，同时也为内地企业的境外上市积累了经验。1993年，顺利完成了第一批9家H股试点企业中6家企业在香港的发行上市，筹资60.93亿元，到1994年5月，完成了第一批企业海外发行和上市工作。1994年，又有9家公司的H股上市，共集资97.92亿港元，占该年度香港所有新上市公司集资额的57%。为配合H股发展，香港恒生指数服务有限公司于是年8月8日正式推出恒生中国企业指数，以帮助投资者了解国企股的表现。为配合《公司法》自1994年7月1日起实施，香港联合交易所又于是年11月11日宣布，修订有关适用于内地注册公司发行人的《证券上市规则》。此后3年，内地企业在港上市达到高潮。

H股公司大多资产规模庞大，行业特征显著，大多属关系国计民生的基础产业，如钢铁、化工、造船、能源等，是本行业的排头兵，对行业及上下游企业影响深远，其发展方向直接体现了政府“抓大放小”的企业改革战略及支持基础产业发展的产业政策，在国民经济发展中起着非常重要的作用。

（三）其他境外市场的股票发行上市

除B股在境内上市和H股在香港上市外，1993年以来，一些发行外资股的公司还通过由国外投资银行发行存托凭证的形式，谋求外资股在欧美国家证券交易所上市。存托凭证，通常又称存股证、DRs（Depository Receipts），它是一种以证书形式发行的可转让证券，通常代表一家非本土公司已发行的股票。

然而对美国ADRs市场来说，中国公司的规模偏小，且多为机构投资者所持有，影响了市场的流动性，从而制约了ADRs的交易和投资者的兴趣。因此，中国公司在美国通过ADRs形式上市的影响有限。

1997年3月24日，北京大唐发电股份有限公司在伦敦证券交易所上市，成为首家在伦敦上市的中国公司，也是首家踏入欧洲资本市场的国有企业。该公司此次发行12.44亿股境外上市外资股，筹资额达31.35亿港元。1997年6月12日，天津中新药业集团股份有限公司在新加坡成功发行股票1亿股，募集资金6800万美元，成为我国首家在新加坡发行股票的公司。该公司在新加坡发行股票并上市后，新加坡成为继香港、纽约、伦敦后第四个中国企业境外上市地点。

股票二级市场的大起大落

1991—1998年，我国集中交易的证券市场取得了长足进展。从规模来看，市场迅速发展，股票流通空前活跃。1991年，证券交易所上市公司仅有14家，市价总值为109.19亿元，成交金额为43.37亿元。而至1998年底，A股上市公司达到825家，B股106家，有力地促进了国有企业改革和经济结构调整。股票交易市场空前活跃，沪深交易所通过改进交易、清算和信息传输系统，为市场容量的扩大提供了条件和保证。1998年底，上市公司总股本达到2526.79亿股，市值达19505.64亿元，全年累计成交额达23544.25亿元（见表3）。

表3　1991—1998年全国股票交易情况（A、B股）

年份	1991	1992	1993	1994	1995	1996	1997	1998
上市公司数（家）	14	53	183	291	323	530	745	851
上市股票数（只）	14	72	218	345	381	599	821	931
其中：A股	14	54	177	287	311	514	720	825
B股	0	18	41	58	70	85	101	106
发行总股本（亿股）	6.29	68.87	387.73	684.54	848.42	1219.54	1942.67	2526.79
流通股本（亿股）	—	21.18	107.88	226.04	301.46	429.85	671.44	861.94
流通市值（亿元）	—	–	861.62	968.89	938.22	2867.03	5204.42	5745.59
市价总值（亿元）	109.19	1048.13	3531.01	3690.61	3474.28	9842.38	17529.24	19505.64
成交金额（亿元）	43.37	681.25	3667.02	8127.63	4036.47	21332.16	30721.84	23544.25
成交量（百万股）	303.84	3795.39	23422.17	201333.91	70547.06	253314.06	256079.12	215411.00

资料来源：1991年数据根据《中国证券统计年报（1995）》整理而成；其他数据根据《中国证券期货统计年鉴（2008）》《经济转型中的中国金融市场》整理而成。

一、从“小步快走”到“5·21揭盖”

（一）以涨跌停板控制股指的起落

上海证券交易所的股票交易最早实施的是涨跌停板幅度。1990年12月19—26日，涨跌停板的幅度为5%。由于上市的“老八股”连续涨停，股票供不应求特点明显，为控制市场风险，从12月27日起，涨跌停板幅度调整为1%。这样，5%的涨跌停板幅度也就实施了短短几个交易日。上证综指的涨幅也随之变小。

1991年1月7日起，上海证券交易所把涨跌停板幅度进一步调窄为0.5%，延中实业等涨幅也随之变小。此后，1%涨跌停板幅度又重新恢复，上海证券交易所实施这一涨跌停板幅度一直到1992年。

在实施1%和0.5%涨跌停板幅度的那段时间里，沪市的成交量极小。造成这一局面的原因当然有很多，但有两点不容忽视。一是证券市场在当时仅属于试点性质，不少人仍采取观望的策略。二是过小的涨跌停板幅度在抑制证券交易所成立之初上证综指上扬过快势头的同时，也抑制了交投的活跃程度。在这种相对严格的交易制度下，股价要发生大的变化是有一些难度的。深圳证券交易所早期的涨跌停板制度与上海基本相同。不过，深圳证券交易所自 1991 年下半年起，逐步取消了涨跌停板制度。

（二）上海在全面放开股价前的“小步快走”

上海证券交易所 1992 年上半年有关规定的变化，比 1991 年上半年更为频繁。对市场影响较大的有关股价变化的规定，主要有以下几次。

“揭盖”两字是当时媒体对放开股价的比喻。1992 年 2 月 18 日，延中实业和飞乐股份的交易价格不再受 1% 涨跌停板幅度的限制。延中实业、飞乐股份 1992 年 2 月 17 日分别收于 98.9 元 / 股和 1091.6 元 / 股，其面值分别为 10 元和 100 元。放开股价的当日，延中实业和飞乐股份分别报收 168.4 元 / 股和 1599.9 元 / 股，分别上涨 70.27% 和 46.56%。两股的成交量分别为 5699 手和 826 手，均为 1992 年初以来的最大量。当日，上证综指也被带动上扬 5.42%，为上海证券交易所成立以来该指数的最大单日涨幅。对于延中实业和飞乐股份的放开股价，当时的媒体有这样的评价：“束缚股民手足的股价涨（跌）停板和流量控制法终于被取消了”，上海股市显得“热火朝天”。就原先 1% 涨跌停板幅度的规定看，确实不能反映当时的市场需求，人为控制的痕迹是较为明显的。现在看来，这种评价的具体提法或许能进一步完善，但也基本反映了当时投资者的心声。此外，真空 B 股（今云赛 B 股）在 1992 年 2 月 21 日上市，它的交易则完全放开价格。这也是上海市场上第一只自上市当日起就直接放开股价的股票。

延中实业和飞乐股份的股价“揭盖”，真空 B 股的直接放开股价，仅仅是上海股市进一步走向市场化的局部试点。当时，兴业房产已在年初上市。除延中实业和飞乐股份外，其余 7 只股票依旧实行 3‰ 的流量控制和 1% 的涨跌停板幅度限制。这样，就被当时的舆论戏称为“一市两制”。由于其余 7 只股票交投不活跃，延中实业和飞乐股份的股价继续上冲。3 月 12 日，延中实业股价最高达 380.08 元 / 股，收于 373.49 元 / 股；4 月 15 日，飞乐股份股价最高达 2748.75 元 / 股，收于 2688 元 / 股。在“一市两制”面前，这两只股票无疑成了当时的明星。

1992 年 3 月 27 日，二纺机、轻工机械、嘉丰股份（今绿地控股）、联合纺织（已退市）、异型钢管（今 ST 沪科）上市。上海证券交易所规定，这 5 只股票及兴业房产自当日起的涨跌停板幅度也为 1%，但可以不受 3‰流量控制。而且，这 5 只股票都有开盘指导价。据 1992 年 3 月 30 日《上海证券》（今《上海证券报》）报道：“开盘指导价的计算方式是，以上市前一日的上证指数除以新股发行结束当日的上证指数，乘以新股溢价。”这样，这 5 只股票的开盘指导价分别为 38.3 元 / 股、24.2 元 / 股、35.3 元 / 股、43.3 元 / 股和 28.2 元 / 股。由于不受 3‰流量控制，二纺机等经常出现每天成交 1 手，而股价上扬 1% 的景观。这时，在上海市场挂牌的 14 只股票的交易规则被当时的舆论称为“一市三制”。

（三）分两步把涨跌停板幅度放宽至5%

1992年4月13日，上海证券交易所调整限价政策：全部取消上市股票3‰流量控制办法，真空电子、飞乐音响、凤凰化工（现已退市）日涨跌停板幅度由1%放宽至5%。真空电子、飞乐音响、凤凰化工1992年4月10日的收盘价分别是934.3元/股、236.1元/股和2950.7元/股。一周后的4月17日，其股价分别收于1192.5元/股、272.7元/股和2708元/股，分别上扬27.64%、15.5%和-8.23%。

5月5日，兴业房产、二纺机、轻工机械、嘉丰股份、联合纺织、异型钢管、爱使股份、申华电工（今申华控股）、豫园商场（今豫园股份）9只股票的涨跌停板幅度限制也被放宽到5%。"一市三制"又改为"一市两制"，即12只股票实行5%的涨跌停板幅度限制，3只股票放开价格。对于二纺机等1992年上市的6只新股票而言，5%的涨跌停板幅度限制仍然使得它们交投清淡。它们的市价与发行价仍十分接近。因此，每个交易日往往成交寥寥数手，而其股价则均以涨停报收。

1992年4月13日和5月5日两次把涨跌停板幅度放宽到5%，实际上仅仅是恢复了上海证券交易所成立之初的规定，但实际效果则不尽一致。对于那些原来股价已经相对较高的个股而言，放宽涨跌停板幅度并未使其股价似脱缰野马，如前面提到的凤凰化工等。而1990年实行5%的涨跌停板幅度时，由于"老八股"的股价普遍很低，只能导致连指数都能涨停。而对于那些股价不高的个股而言，恢复5%的涨跌停板幅度，则加快了股价的上扬速度，并且依旧呈现无量空涨的特点，这又与1990年的情况较为接近。从当时相关的12只股票的总体情况看，多数股票由于受5%涨跌停板幅度规定的制约，仍无法反映当时的市场需求。而在此之前，深圳证券交易所已经放开了股价。这对于上海市场而言，无疑产生了一种推动作用。

在全面放开股价前，上海市场对股价波幅规定的调整，自1992年2月以来呈现出"小步快走"的特点。交易规则的频繁变动，是这一特点的体现。让一部分股票先"涨"起来，是这一特点的又一体现。

（四）全面放开股价

1992年5月21日，上海证券交易所放开所有股票的股价。1992年5月25日《上海证券》的报道称："取消涨跌停限幅，从'一市两制'进入'一市一制'，完全实行自由竞价交易，从而步入由市场机制运作的轨道。"这也标志着在内地证券交易所挂牌的股票，自当天起已经全部放开股价。当天放开股价的真空电子、兴业房产、二纺机、轻工机械、嘉丰股份、联合纺织、异型钢管、飞乐音响、爱使股份、申华电工、豫园商场和凤凰化工分别上扬11.32%、99.93%、312.1%、470.83%、328.82%、192.7%、382.06%、4.22%、3.37%、32.66%、8.13%和-3.05%。可以看出，属于"老八股"的，普遍涨幅不大，甚至还有下跌的。其主要原因还是"老八股"自1991年5月以来有较大的上升，而兴业房产等新股则并无这种情况。当天的"成交笔数相当于以往最多日成交笔数的2倍”,《上海证券》相关文章列出了赫然标题。上证综指则在前收盘616.64点的基础上，猛涨105.27%，以1265.79点报收。此后的两个交易日，上证综指继续上扬，并在1992年5月25日上摸1428.79点，收于1421.57点。此后，上证综指逐级盘下，出现深幅调整。

全面放开股价，改变了部分股票“有行无市”的局面。由于“横向攀比”效应，新股价格迅速向老股“看齐”。这种“有行无市”现象的存在，并不能使资本市场的功能得到有效体现。因此，及早改变这种局面，对股市的健康发展是有利的。全面放开股价，客观上结束了“有行无市”的历史。

全面放开股价，引起了短时期的市场过热。在投资需求被压抑许久后，突然在某一刻允许竞价买入，形成惯性冲动，出现矫枉过正，是很难避免的。自1992年5月26日开始的较长时间的指数大幅下挫，可以看作是市场过热的产物。而在实行5%涨跌停板幅度的阶段，市场过热较大程度上受到遏制。

综合指数不时会出现单个交易日内大的振幅。在全面放开股价初期，很少有人会料到以后几个月不仅指数持续下调，而且不时有大的振幅。这种大的振幅，无疑也是市场风险的一种表现形式。此外，还有一些短期内振幅大的情形，如1994年7月下旬出台“三大政策”引起的指数大幅上扬。1994年7月25日上证综指最低为325.92点，在短短的5个交易日内，上证综指即在8月5日摸高754.67点，升幅达131.55%。假设不全面放开股价，而是继续实行一定幅度的涨跌停板制度，那么，指数的“上窜下跳”现象将得到改变。

表4　全面放开股价期间上证综指较大单日振幅举例

单位：点

日期	开盘	最高	最低	收盘	振幅（%）
1992.05.27	1250.56	1285.61	823.36	1193.17	56.14
1992.08.12	675.00	843.30	627.36	781.21	34.42
1992.11.25	485.16	571.63	441.54	571.63	29.46
1992.11.26	674.74	752.32	562.01	562.01	33.86
1993.06.03	1102.08	1177.91	961.32	1018.29	22.53

资料来源：上证综指历史数据。

个股振幅出现过极端案例。较为典型的是西南药业和界龙实业。在全面放开股价时期，伴之以T+0的交收制度，某些个股被操纵时，更易产生在短时期内股价剧烈波动的现象。

1995年起，多数时间的指数走势更体现出理性的一面，主要表现为股价和指数的短期振幅变小了。在涨跌幅排行榜上，幅度大于10%的仅有个别股票，多数股票的走势相对平稳。1995年起，指数的单日振幅很少有超过10%的。这表明，在历经前几年的大幅震荡后，投资者的风险意识有一定程度的提高，二级市场的股票供求关系渐趋平衡。同时，这也表明，市场不一定需要那种允许宽幅震荡的交易制度，这为以后重新恢复涨跌停板制度做了较好的市场准备。

二、两度深幅调整与“三大政策”

“5·21揭盖”所形成的股市短期过热，不可避免地导致了股市的调整，并导致新股上市即跌破发行价现象的首次出现。氯碱化工上市即跌破发行价，打破了新股无风险的神话。1992年底的统一股票面值，使人产生一种新的感觉。此前，股票面值有100元、10元、1元等若干种。1992年12月上旬，除面值已为1元的外，上市公司纷纷拆细各自的股票。经拆细后，上市股票面值全部为1元。迄今为止，上市股票面值的大小，并无明文规定。不过，从这以后，境内注册上市公司的股票面值为1元，几乎是约定俗成的一种惯例。这种现象，一直到南大苏富特等在香港联合交易所创业板上市后，才出现变化。伴随着股票的拆细，股价指数出现大幅度并且快速的上扬。至1993年2月16日，上证综指已经上摸1558.95点，创出历史新高。

1992年末和1993年初股价指数的快速大幅上扬，再次孕育了大的市场风险。1993年2月16日起，指数重新出现调整。这次调整的时间要比前一次更长，幅度也更大。至1994年7月29日，上证综指已经跌至325.9点。与1993年2月16日的1558.95点相比，跌幅为79.10%。深圳综指的走势与之相仿。

1994年3月12日，中国证监会决定：第一，国有股、法人股年内不上市；第二，股票转让及所得税年内不征收；第三，55亿元新股发行额度中的相当部分要推迟到下一年上市；第四，积极建立投资基金组织和发展机构投资者。这些决定推出后，市场反应是较为平静的。股指依旧以向下调整为主。

当1994年7月下旬股指不断创出新低时，监管层又推出了著名的“三大政策”。7月下旬，上证综指为335点，深圳综指已跌破百点大关，为96点。两市成交金额仅6亿元。7月底，经国务院同意，中国证监会公布了稳定和发展股票市场的若干措施，即通常所说的“三大政策”。7月30日，各大传媒均刊登新华社通稿《中国证监会与国务院有关部门就稳定和发展股市做出决策》，主要内容是：第一，年内暂停新股发行与上市；第二，严格控制上市公司配股规模；第三，采取措施扩大入市资金范围。具体地说，除已发行尚未上市的股票外，1994年内暂停各种新股的发行和上市；组建中外合作基金进入A股市场；有选择地对资信和管理好的证券机构进行融资等。受此刺激，沪深股市暴涨。8月1日两市指数分别上涨33.46%和31.29%，并在8、9两月保持了持续上扬的势头。但除暂停新股上市外，其余两项政策在当时的条件下没有实施的可能。于是，从10月开始，股市重新陷入低迷状态。

三、二级市场存在的问题

（一）投机性强，股价波动巨大

由于尚未形成完善的供求机制，加上股市供求经常出现阶段性失衡及投资者心理预期混乱，股价常常在短期内巨幅跳动，令国外同业瞠目。以上证综指为例，其各年波幅如表5所示。

表 5　1991—1998 年上证综指变动情况

年份	1991	1992	1993	1994	1995	1996	1997	1998
最高点（点）	293	1511	1641	1093	972	1314	1579	1508
最低点（点）	133	293	766	321	540	528	906	1109
波幅（倍）	2.20	5.16	2.14	3.40	1.80	2.49	1.74	1.36

资料来源：《中国证券期货统计年鉴（2008）》。

由于股价指数计算的一些技术性问题，个股的波动幅度较综合指数更大。另外也不难看出，市场波动呈收敛趋势，即股市正在走向成熟。

表 6　1992—1998 年中国股票市场平均换手率与市盈率

年份		1992	1993	1994	1995	1996	1997	1998
平均换手率（%）	上海			1134.65	528.72	913.43	701.81	453.63
	深圳			583.83	254.52	1350.35	817.43	406.56
平均市盈率（倍）	上海		42.48	23.45	15.7	31.32	39.86	34.38
	深圳		42.69	10.37	9.35	35.42	39.86	30.59

资料来源：《中国证券期货统计年鉴（2008）》。

（二）股市涨跌周期短，呈现“牛短熊长”的特征

截至 1996 年末，股市经历了 5 次大的波动，平均 14 个月一次。同期中国经济虽有起伏，但总体平稳，并未给股市提供如此巨大的频繁变动力量。牛市启动 5 次中，4 次直接和政策有关，持续时间一般不超过 3 个月；熊市普遍漫长，最长的一次达 17 个半月。政策因素影响巨大，“消息市”“政策市”特征明显，由于沪深股市基本同步，我们以沪市为例来说明这几次大的波动（见表 7）。

表 7　1992—1996 年沪市波动周期

日期	上证综指	时间跨度	主要政策原因
1992.05.21—1992.05.25	617 → 1429	3 天	放开股市
1992.05.25—1992.11.07	1429 → 387	6 个月	新股上市
1992.11.07—1993.02.16	387 → 1559	3 个月	市场范围扩大
1993.02.16—1994.07.29	1559 → 326	17 个半月	50 亿元新股发行
1994.07.29—1994.09.13	326 → 1052	1 个半月	“三大政策”
1994.09.13—1995.02.07	1052 → 524	5 个月	
1995.05.17—1995.05.22	582 → 926	3 天	停止国债期货
1995.05.22—1996.01.19	926 → 512	8 个月	
1996.01.19—1996.12.11	512 → 1257	11 个月	两次降息
1996.12.11—1996.12.25	1257 → 856	2 周	《人民日报》文章

资料来源：《中国证券市场发展、规范与国际化》。

（三）引起股价波动的因素复杂

股价波动除了和企业业绩相关外，还和社会资金量、股票可流通量、概念题材、有无庄家等因素相关。股价对于资源的配置作用并不一定表现为其绝对价格，而在于股价结构是否反映了企业投资价值（包含业绩因素、成长性、稳定性、前景等）的高低，即相对比价。因为相对比价决定了股市资金的流向，决定了资源配置。产出效率高，股价高，资金流入、配置水平自然就提高。客观来看，中国股市的相对比价在合理性方面是体现得不够充分的。

（四）上市公司结构仍不尽合理

这主要表现为，上市公司地区分布不合理，中小公司居多。上市公司数与开放程度、改革历史有关。

骨干大型企业少，使得上市公司对整个经济的代表性不强，即市场“晴雨表”功能尚难发挥。这种状况和股市形成阶段中的试验性和区域性有关。随着股市的发展，特别是1996年度新股发行，此问题得到了一定程度的改善。

（五）证券法律法规建设跟不上二级市场的发展步伐

证券法律法规建设虽取得了一系列进展，但总体上仍然滞后。由于《证券法》《基金法》《信托法》等迟迟未能出台，市场出现的许多新问题无法可依，让一些利益集团钻了空子。这不利于股市的规范和稳定发展。

总之，1991—1998年的股票二级市场在取得巨大成绩的同时，也存在不少问题。有些是在发展过程中难以避免的，有些是在特殊的历史条件、宏观环境下形成的。■

（本文为上海证券期货文化发展基金会联合研究计划课题成果节选）

■ 课题组主要成员简介

马庆泉，经济学博士、教授、中国人民大学博士生导师，特华博士后工作站博士后导师，中国证券业协会首位副理事长、秘书长、常务副会长（1999年12月—2005年5月），历任中央党校教授、校委秘书、研究所经济研究室主任，广发证券总裁，嘉实基金董事长，广发基金董事长。

刘钊，经济学博士，《中国证券史（第一卷）》《中国证券史（第二卷）》副主编，南开大学经济学院兼职教授，对外经济贸易大学特约研究员、研究生导师，现就职于中国金融出版社。

张熠婧，经济学博士，副研究员，现就职于中国金融出版社。

证券学堂

“牛市”溯源

张　勇

在人类社会漫长的发展历史中，牛给人们的衣食住行和农业生产等带来了诸多便利，为人类生存和社会发展作出了重要贡献。世界各地留下了许多与牛相关的文化遗存和以牛为题材的艺术作品，形成了丰富多样的牛文化。在不同国家和地区，“牛”既有强壮、力量等直观反映其形象特质的文化语义，也有耐劳、憨厚、倔强等表现其行为习性的文化隐喻。世界各地有许多具有地域特色的牛文化，如中国古代传说中“人身牛首”的神农氏、贵州牛节，西方则有希腊神话中的半人半牛弥诺陶洛斯、斗牛运动等。

牛是古代经济活动中的重要商品，很多地方都有专门交易牛的市场，谓之牛市。牛市作为农牧社会中特定场所的称谓，最初并无文化意涵。随着近代资本主义萌芽和金融业的兴起，“牛市”逐渐成为金融市场中反映市场行情的重要术语，并发展形成了具有行业特色的资本市场牛文化。

一、“牛市”的来历

在现代社会中，牛为人们所熟悉更多是因为反映市场行情的“牛市”一词，这为牛文化赋予了更丰富和更具时代特色的内涵。

在市场交易中，有许多以动物指代的金融现象，如“牛市”“熊市”“鹿市”“狼市”“灰天鹅”“黑犀牛”等，但人们却对“牛”津津乐道、喜爱有加。牛市和熊市是经济活动尤其是资本市场中最为常见的术语之一，但很少有人了解“牛市”这个词的起源。回顾这个术语的历史，能帮助我们更好地理解它的含义及重要性。

迄今为止，尚未发现“牛市”这种表达方式的确切起源。但说到“牛市”，必然会提到与之相对应的“熊市”，将二者联系起来有助于对“牛市”一词的溯源。

毋庸置疑，“牛市”一词源自资本市场的起源地欧洲。通过“牛市”的英文词源“bull market”可以看出，“牛市”一词中的“牛”并非指所有的牛类，也不是一般意义上的牛，如 cattle（牛的泛指）、cow（母牛）、ox（阉割后的牛）、calf（牛犊）等，而是特指公牛（bull）。在牛类群体中，人们所熟悉的家牛、野牛、水牛、黄牛和牦牛等牛类群体大多数都已经被人类驯化，习性温和，基本没有攻击性。Bull 在西方语境中除了公牛的含义外，还有成年雄性大型动物的含义。因此，bull market 中所指的 bull 应是体型庞大、攻击性强的成年公牛，尤其是指那些未经驯化且未被阉割的野牛。

因此，一种比较普遍的观点认为，“牛市”与“熊市”的说法与二者的行为习性尤其是攻击方式密切相关。之所以用牛市来形容市场上涨行情，用熊市来形容市场下跌行情，一般认为是因为公牛在进攻时是用牛角向上顶，而熊在攻击时则是向下挥舞爪子。但是，这种观点很可能是人们附会的。用头角向上顶的攻击方式并非公牛的“专利”，犀牛、麋鹿和羊等动物都会用头角攻击其他动物。而当熊发起攻击时，除了用熊掌拍击对手外，还需要借助熊自身壮硕的体型压制和尖锐的牙齿撕咬等，而扑倒、拍击的进攻方式也是老虎、豹子等一些掠食动物的攻击方式。因此，很难将“牛市”“熊市”的起源完全归结于牛和熊二者的攻击方式。

但是，牛和熊作为人们常见的具有攻击性的大型动物，其攻击性曾给人们留下了阴影，进而映射在了文化活动和体育竞技中。从文化层面来说，斗牛和斗熊曾在西方社会风靡一时，这种包含着敌对、挑战、决心、勇气、冒险、欺骗、超越、痛苦与死亡等要素的血腥运动，据考证源于祭神或图腾崇拜。而将“牛市”“熊市”这两个术语关联起来则与欧洲一度盛行的且十分残酷的“牛熊斗”有密切的关系。莎士比亚戏剧《麦克白》中提到了牛和熊之间的战斗，命运多舛的主人公麦克白说，他的敌人已经把他拴在了一根木桩上，但是“就像熊一样，我必须坚持到底”。在莎士比亚的另一部剧作《无事生非》中，公牛是一种野蛮但高贵的野兽。

美国明尼苏达大学语言学家安纳托利·利伯曼（Anatoly Liberman）认为，牛和熊分别指代金融市场中乐观主义者和悲观主义者的说法起源于 18 世纪早期的英国。市场上急切的购买者犹如被激怒的“公牛”（bull）。而熊（bear）则似乎来自一个谚语“To sell the bear's skin before one has caught the bear”，可直译为在没有抓到熊之前就卖熊皮。这是一个对卖空的形象比喻，意指股票投资者在某只股票价格看跌时，将从经纪人手中借入的该股票高价抛出，日后在该股票价格下落时，再以更低的价格买进股票，从而赚取差价获利。

由此可见，“牛市”最初的来源应和西方的牛熊斗文化关系密切。牛本身的力量、强壮则和市场趋势向好的寓意相契合，“熊市”的卖空比喻隐含着对市场不看好的态度，这两个术语进而被当时的人们引申运用到了证券市场中。

二、“牛市”的运用和词意演变

美国词源学家巴里·波皮克（Barry Popik）认为“牛市”（bull market）和“熊市”（bear market）这两个词直到19世纪50年代才出现。即使如此，它们也仅仅指代单一的某一天的行情。1855年10月28日的《纽约先驱报》报道说：“今天上午市场非常狂热，一些证券略微有些上涨，另一些则有所下跌。”“如果没有出现两三次不利的情况报告，毫无疑问这将会是一个牛市。”1874年，当马修·黑尔·史密斯（Matthew Hale Smith）出版其编年史《纽约的牛市和熊市》时，“牛市”这个词对读者来说仍然很陌生。史密斯在谈到主要投机者时写道，“他们从不在所谓的牛市上买进”，“但总是在股价低的时候买进”。

随后的几十年里，牛市和熊市依然指的是单一资产的短期价格波动，而不是整个股市的长期趋势，1899年5月15日，《华尔街日报》报道说：“周六的小麦牛市持续了大约一个小时。”爱德华·埃弗雷特·罗斯（Edward Everett Rose）1910年的小说《玫瑰园的凯利神父》（*Father Kelly of the Rosary*）中的一个人物说，在爱荷华州铁路股票一天的交易中，“我无法阻止牛市”。1889年7月8日，《华尔街日报》头版报道：“1885年的牛市开始于7月2日”，12只股票（包括太平洋邮轮和西联汇款公司）的平均价格为61.49美元/股，1887年5月18日达到93.27美元/股的峰值，这几乎是52%的增长，但是《华尔街日报》并没有将其定义为牛市。1902年，《华尔街日报》的联合创始人查尔斯·道·马丁写道：“只要一个高点的平均值超过以前高点的平均值，这就是牛市时期。而低于先前的低点值则是熊市时期”。

但即使在经济繁荣的20世纪20年代，《华尔街日报》也很少使用“牛市”这个词。1949年12月，《华尔街杂志》（*Magazine of Wall Street*）写道：“根本不可能给如此多变的市场中的牛市或熊市下一个精确的定义。”该杂志以1947年5月至1948年6月期间道琼斯指数的涨幅（18%）这个例子来说明牛市是“相当长一段时间内股价的大幅上涨”。

《华尔街日报》前市场编辑约翰·普雷斯特博（John Prestbo）表示，20%的牛市和熊市标准只是“在20世纪50年代后期和60年代初”才开始形成。“它成了形成共识的种子，这在一定程度上得益于财经媒体（包括《华尔街日报》的母公司道琼斯）将其作为一个简单、简洁的定义。”1967年1月，道琼斯指数从上一年10月的低点上涨了14%，《华尔街日报》称，许多分析师已经“在很长一段时间里第一次发出‘牛市’这个词”。1970年9月13日，股市已经比当年春季的低点上涨了22%，《纽约时报》仍然认为现在宣布“牛市”还为时过早。直到20世纪80年代和90年代牛市一词频繁出现后，20%门槛的定义才逐渐为人们所广泛接受，当时股票的年均回报率大约为18%。

三、“牛市”的内涵

在市场交易活动中，投资者常常使用“看跌”或

“看涨”这两个简易的词汇描述他们对特定证券、资产或金融市场的一般行为、态度或情绪预期。“牛市”和“熊市”分别对应“看涨”和“看跌”。相较于后者，“牛市”和“熊市”这两个词可以更为形象生动地描述市场状态和预期，它们能用在任何可以反映市场趋势的经济活动中，如证券、债券、房地产、货币或大宗商品等。

牛市在证券市场中出现的频率最高，证券价格在交易过程中往往是持续性、阶段性地上下波动。牛市通常形容在一定时期内，大部分证券的价格处于上涨过程中，或是预期证券价格会不断向好的趋势，这种趋势一般会持续几个月甚至几年。在牛市中，最典型的特征是投资者对行情上涨抱有积极的投资心理和乐观的投资回报预期。

对于什么样的情况才能称为牛市则没有特定的标准。一般而言，国际上的大多数标准都是将股票从最近的最低点价格上涨 20%，或是第一次下跌 20% 的波谷到第二次下跌 20% 前的波峰区间看作牛市。技术上的牛熊市标准实际上并不一定科学，为什么必须是 20% 的涨跌幅？在实际交易过程中，人们并未严格依据涨跌 20% 的标准。由于牛市很难预测，分析师或投资者通常只有在牛市这个现象已经发生了才意识到。

一般而言，牛市通常发生在经济形势好或增长动力强劲的时期，这种趋势反映在经济中就是 GDP 增长率不断提高、失业率下降和企业利润不断提升，这一牛市过程伴随着投资信心和投资意愿的不断增强。整个证券市场需求非常旺盛，市场的基调也是积极的。另外，在牛市行情中，首次公开发行股票（IPO）大量增加，有进入证券市场或买入意愿的投资者数量也较其他时段更多。

由于失业率和企业利润比起其他因素更容易量化，而那些不能量化的指标就使得判断市场的整体基调变得更加困难，证券市场的供求关系也将变得摇摆不定。比如，在市场上某些证券供不应求时，投资者就更急切地希望买进，而持股者则出现惜售的情况。因此，人们在市场行为中复杂多变的心理效应和一些不可知的投机因素，会使得预测市场趋势变得十分困难。也就是说，受诸多因素影响，大多数时候人们无法准确预测牛市何时到来，持续中的牛市何时会突然转向。

牛市在我国是一个较为晚近才出现的术语。以近代中国发行时间最长、最具影响力的申报 (1872—1949 年) 为例，经检索并未查询到现代意义上的“牛市”一词。1953 年，一篇关于浙江诸暨县枫桥镇初级市场的情况调查报告提到，当地商品交易有很强的季节性，每年有两次“牛市”，说明当时已经用牛市来指代农贸产品交易行情。改革开放后，中国资本市场开始重新萌芽发展，新闻报道中出现了关于国外资本市场“牛市”的报道。1989 年 5 月 19 日《人民日报》第 3 版《华尔街的喜与忧》一文第一次提到了牛市。20 世纪 90 年代起，伴随着资本市场的发展和证券交易价格的涨跌起落，牛市越来越被人们所熟悉，成为今天广大投资者口中离不开的术语。

牛不但用于隐喻市场行情，还被人们塑成雕像摆放在交易场所门口，尤其是世界各大证券交易所门口。如世界最古老的证券交易所之一——法兰克福证券交易所门前就摆放有牛熊博弈的雕塑。牛（熊）雕塑成为交易市场上富有象征意义的“图腾”，拓展了牛文化的内涵，可以称得上是资本市场上现代意义版的“图腾崇拜”。“牛”雕塑反映了投资者对证券市场持续向好、不断获得投资回报的美好愿景。作为成熟的投资者或成熟的资本市场，需要清晰地认识到资本市场发展有其自身发展的规律，市场投资中潜藏着各种风险，“牛市”“熊市”都是资本市场行情中的常见现象之一。投资者不能盲目崇拜“牛”和“牛市”，应对资本市场有合理预期、进行理性投资。■

■ 作者简介

张勇，中国证券博物馆研究组工作人员，文博馆员。

■ 参考文献

[1] 宋长宏 . 中国牛文化 [M] . 北京：民族出版社，1997.

[2] 何亚女 . 浅析中西牛文化的差异 [J] . 风景名胜，2019（1）:46.

[3] 何燕红 . 英汉“牛”文化的隐喻认知 [J] . 太原城市职业技术学院学报，2012（1）：186-188.

[4] Arnott R D，Bernstein P L. Bull Market? Bear Market? [J] . Journal of Portfolio Management，1997，24（1）：26-29.

[5] Kramer，Leslie. Digging Deeper Into Bull and Bear Markets. Investopedia Stock Analysis [EB/OL]. [2018-08-21]. New York: Newstex.

[6] Jason Zweig.The Murky Origins of the “Bull Market” .WSJ. Dow Jones Institutional News.

[7] Where do these Bull and Bear Markets Come from Anyway? [EB/OL]. [2018-02-14]. https://search.proquest.com/docview/921303712?accountid=13820.

峥嵘岁月

修志问道，以启未来

——写在《温州证券志》出版之际

林坚强

为了进一步推进我国及温州的证券文化建设，温州市证券期货业协会与温州大学金融研究院根据温州证券期货40年探索发展的历程，编著了《温州证券志》，已由光明日报出版社正式出版。曾四度获得“孙冶方经济科学奖”的金融学家谢平教授为此书作序。在《温州证券志》出版之际，笔者作为主编，怀着对证券事业的执着感情再叙几语。

温州，作为浙江省南部重要的经济、文化和交通中心，是我国14个对外开放的沿海港口城市之一，也是农村改革综合试验区和金融体制改革试点城市之一，素以“南有吴川，北有温州”而享誉全国。聪明勤劳勇敢的温州人民在这块土地上养育生息、辛勤劳动，创造了可喜可颂的丰功伟业。在改革开放中，温州人民锐意改革，自力更生，勇于开拓，走出了一条具有区域特色的经济发展道路，开创了温州历史上的黄金时代。温州以“先行者”“探路者”的姿态率先进行市场化改革，形成了令世人瞩目的“温州模式”。“温州模式”在产生发展过程中，早已融入了“证券”的元素，这成为“温州模式”的一大亮点。

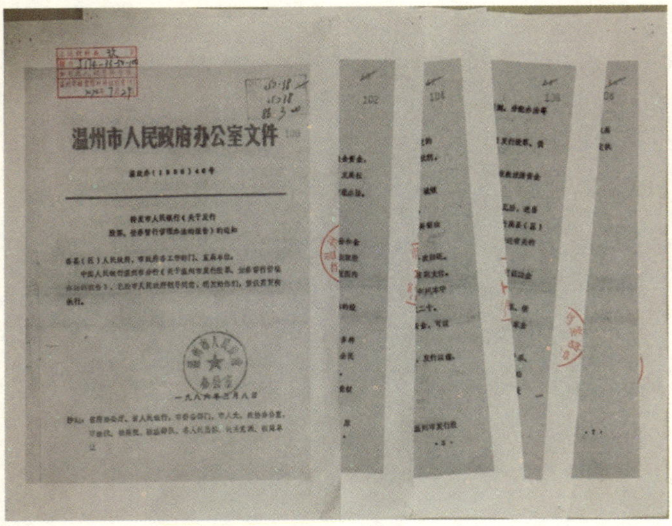
温州市人民政府办公室文件

图 1　1986 年 3 月 8 日，温州市人民政府批准《关于发行股票、债券暂行管理办法的报告》

证券及证券市场是金融及金融体系的重要组成部分，也是推进经济现代化的重要因素。温州证券市场随着市场经济的发展，经历了从无到有、从小到大、从弱到强的过程。特别是 2012 年温州金融改革以来，证券投资活跃度不断提高，证券交易业务不断拓展，其活力及影响力在温州逐步呈现出来。随着经济社会发展和企业转型的需求，温州的证券机构职能逐渐从单一的经纪业务向经纪和投行业务并重转型发展，在推进温州企业上市挂牌中发挥了重要作用，得到温州市委、市政府及有关部门的重视。在温州经济发展的历史轨迹上，温州证券业作为见证和推动“温州模式”的重要力量，承载了近 40 年的历史使命，并且羽化成蝶，绽花为凤。

图 2　1995 年夏，时任中国证监会主席周道炯在温州听取温州市人民政府关于证券市场探索发展情况的汇报

俗话说，修志问道，以启未来。编撰《温州证券志》确实很有意义，但也是一个艰难的过程，一是收集资料难，证券是改革开放的新生事物，特别是试点初期，证券期货机构形态比较松散，经理人变动频繁，档案资料很不健全；二是核对考证难，鉴于上述原因，在证券期货市场发展过程中，一些重要决定和事件的时间和数据并不精准统一；三是纲目编写有难度，目前，地方证券志作为单独志书在全国志书中少之又少，编撰地方证券志可以说是一个探索过程。不过，编撰《温州证券志》毕竟是一件启发未来的公益事，通过《温州证券志》的编撰，可让更多的人了解证券，了解温州，以推进证券文化建设。在采集资料和编写过程中，我们得到了温州市有关部门和同仁们的大力支持。专家们的热心指导，让我们克服了一个又一个困难，最终将 40 年来温州证券期货市场探索发展的历史编撰成册。

图 3　2012 年 6 月 7 日，时任浙江证监局副局长蔡建春（现任上海证券交易所总经理）莅临温州指导投资者教育工作

《温州证券志》除大事记、综述外，共 8 篇。第一篇为证券期货机构，主要记述证券期货机构在温州设立发展的概况，其从无到有，从小到大，从弱到强，成为温州经济发展中的重要行业之一。其中值得思考的一个问题是目前在温州的 70 多家证券期货机构中，尚无 1 家温州本地的法人证券期货机构。第二、第三篇为证券期货市场，简要记述证券期货市场在温州的探索发展过程，从地方性的改革创新到融入全国性统一市场的发展，逐步推进，前所未有。第四篇为企业上市和挂牌，主要展示温州企业在上海、深圳证券交易所和境外上市以及新三板挂牌的概况，从起步滞后到逐渐壮大，为证券市场在温州的进一步发展奠定了基础。第五篇为各证券期货机构运行数据，以翔实的运行数据反映温州的证券期货机构从设立到发展的过程，为各证券期货机构进一步发展留下比较全面的数据统计档案。第六篇为证券期货管理，主要记述证券期货管理从地方分散管理到国家统一管理的演变过程。其中重点记述温州证券期货业的自律管理。温州市证券期货业协会是浙江省建立的第一个证券业自律组织，也是全国地级市最早建立的证券业协会之一，在引导温州证券期货业有序发展中发挥了重要作用。第七篇为人物，简要记述了在温州证券期货业发展中的主要经理人及名望优秀者。同时，对证券期货从业人员做了综合统计，其中，39 岁以下人员占 80% 以上，大学本科学历占 85% 以上，反映了证券期货业作为新兴行业的发展基础。第八篇为特辑，主要是逐录温州市政府及有关部门和自律组织在证券市场改革探索中的重要文件，以及专家学者和实践工作者对温州证券市场发展及企业上市的建议和文稿，为温州证券市场及上市公司进一步发展提供决策参考。附录部分主要是通过我国 40 年证券市场发展脉络及演进过程的呈现，诠释温州在证券市场方面的探索和发展，以拓展温州证券市场及上市公司的发展思路。

图 4　2020 年 9 月 9 日，温州证券期货机构负责人及优秀骨干参观上海证券交易所

谢平教授在《温州证券志》的序中指出：“修史之难，无出于志。”同样，作为“志”书，《温州证券志》之难既在于撰写者站在温州金融改革之巅，对温

州证券波澜壮阔历史的嗅觉和格局，还在于对温州证券典章制度及其演变的极致洞悉和把握。撰写者深怀温州证券蓬勃发展但证券志缺失而遗憾的人文情怀，以其40余年的证券从业经验和证券理论知识，希冀通过发掘和梳理温州证券业典章，来存史、育人、致用。撰写者在编撰过程中，为制度的出处、数据的可靠性、图片的溯源锱铢必较，且博采众长，突破志的体例束缚，实现了志、鉴、库、刊、研和史等并举的转变。《温州证券志》坚持辩证唯物主义和历史唯物主义，以史实为依据，实事求是，记述温州证券行业产生发展的历史和现状。《温州证券志》内容丰富，门类篇目齐全，结构层次清晰，行业、时代、地域特色突出，不失为一部有益当代、惠及子孙的地方金融文献。“治天下者以史为鉴，治郡国者以志为鉴。”《温州证券志》作为系统、全面记录温州证券行业发展历程的地情资料，是国情和地情的载体，是改革、开放、发展的宝贵信息库，是有关领导科学决策的资料依据，在经济结构转型升级与高质量发展进程中，必将发挥重要作用。《温州证券志》全景式扫描了1981年至2020年的温州证券业发展状况，在立证券言、存期货史、修基金志、写上市企业之篇等方面作出了重要贡献，不仅是丰厚的证券文化宝库，堪存堪鉴，而且也极大提升了温州证券业在温州经济发展史中的地位和自信。

盛世修志，志载盛世。40年来，证券市场在我国改革开放中发展到今天，实属不易，跌宕起伏，砥砺前行。以全球证券发展史观察，我国及温州证券市场发展的制度建设和文化建设还有漫长的路要走。《温州证券志》的编撰仅仅是一个探索过程，需要在证券市场实践发展中逐步修正、充实、完善。■

图5　2020年12月19日，温州市证券期货业协会六届一次会员大会表决方式通过设立“5·18温州证券投资节”

（照片提供：林坚强）

■ 作者简介

林坚强，温州大学金融研究院特聘教授，《温州证券志》主编。1992年以来，撰写了（包括合著合编）《股份企业与股票债券》《中国社会主义建设理论与实践》《论语温州》《钱生钱的密码》《温州民间借贷风暴》《温州指数——中国民间融资风向标》《郭心崧传》《温州模式再研究》等著作，先后正式出版发行。同时，在《中青年经济论坛》等刊物上发表论文达30余篇。

大事记

中国证券业协会 30 周年大事记

中国证券业协会

◆ 1991 年

8 月 28 日，中国证券业协会成立大会在人民大会堂召开。

图 1　1991 年 8 月 28 日，中国证券业协会在人民大会堂举办成立大会

8 月 29 日，“中国证券业协会国际研讨会”在京举办，参加会议的有 7 个国家和地区的境外专家及国内 100 多家证券经营机构的代表。

图 2　1992 年 3 月 29 日，中国证券业协会参加在日本举行的“国际证券业协会理事会第五次年会”

◆ 1992年

3月29日，参加在日本举行的“国际证券业协会理事会第五次年会”。

6月12日，与中央电视台联合摄制6集专题片《证券与证券市场》。这是首次由中央媒体系列播报宣传证券行业。

◆ 1993年

9月23日，中央电视台直播由中国证券业协会举办的1993年全国证券知识大奖赛决赛。

图3 1993年9月23日，中央电视台直播由中国证券业协会举办的全国证券知识大奖赛决赛

◆ 1994年

10月18日，协会代表应邀在世界银行召开的“中国资本市场研讨会”上作题为“中国证券业协会在中国资本市场上的作用”的书面发言。

12月17日，在北京召开地方协会工作座谈会，18个地方协会参加会议。

◆ 1995年

4月12日，中国证券业协会作为亚洲证券论坛的发起成员之一，派团参加在日本东京举行的第一届亚洲证券论坛年会。

4月19日，公布1994年全国证券商经营业绩排名，开始按年统计证券商经营业绩。

◆ 1998年

7月7日，印发《中国证券业协会会员公约》和《证券从业人员行为守则（试行）》。

10月30日，与中国收藏家协会等联合举办“中国百年证券收藏展”及“百年股票回顾研讨会”。

◆ 1999年

11月20日，“中国证券业协会1998—1999年重点科研课题研讨暨颁奖会”在北京举行。这是协会首次组织开展课题研究工作。

12月15—16日，中国证券业协会第二次会员大会在北京召开。

◆ 2000年

3月17日，发布《关于禁止股票承销业务中融资和变相融资行为的行业公约》《信誉主承销商考评试行办法》。

7月5日，第二届协会证券分析师专业委员会成立大会召开。

7月20日，发布《中国证券分析师职业道德守则》。

10月17—19日，召开全国优秀证券营业部表彰大会暨证券经纪业务创新研讨会。

◆ 2001年

3月9日，协会主持编写的证券从业人员资格考试教材正式发行。

6 月 5 日，发布“中国证券业协会决定试点开展代办股份转让服务”公告，并于 6 月 12 日发布相关规则。

7 月 16 日，代办股份转让试点正式挂牌。

◆ 2002 年

1 月 4 日，向首批通过证券从业人员资格考试的 5 万余人发放证券从业资格证书。

7 月 2—3 日，中国证券业协会第三次会员大会在北京召开。

10 月 24 日，协会承办的第八届亚洲证券论坛在钓鱼台国宾馆开幕。

10 月 31 日，中国证监会作出《关于赋予中国证券业协会部分职责的决定》。

◆ 2003 年

10 月 16 日，发布《中国证券业协会会员诚信信息管理暂行办法》，2004 年 1 月 1 日起施行。

10 月 24—26 日，协会承办的亚洲证券分析师联合会 2003 年年会在北京召开。

11 月 1 日，开始集中受理审核证券从业人员执业证书申请材料，证券从业人员资格管理工作进入全面实施阶段。

11 月 15 日，举行证券从业人员资格考试，首次统一采用机考方式取得成功。

11 月 28 日，由协会组织按年编撰的《中国证券业发展报告》正式发行。这是协会首次编撰出版的行业年度报告。

◆ 2004 年

1 月 13 日，协会首次承担保荐人考试报名、考场组织等工作。

3 月 22 日，在美国宾夕法尼亚大学沃顿商学院举办为期 3 个月的“证券业领导力与管理研修班”培训。这是协会首次举办境外合作培训。

8 月 13 日，发布《关于从事相关创新活动证券公司评审暂行办法》。

10 月 11—12 日，在北京召开第一次创新试点证券公司评审工作会议。

12 月 9 日，中国证券业协会被民政部评为“全国先进民间组织”。

◆ 2005 年

1 月 20—23 日，在北京举办第一期证券公司高级管理人员培训班暨资质水平测试。

3 月 25 日，发布《证券从业人员诚信信息管理暂行办法》，从 5 月 1 日起实施。

5 月 19—23 日，组织证券公司、基金公司、证券投资咨询公司负责人讨论股权分置改革试点问题。

10 月 18—19 日，与美国证券业协会、清华大学经济管理学院联合举办“中国资本市场论坛”。

10 月 26 日，中韩两国证券业协会在北京签署了双边交流与合作备忘录。

11 月 23 日，发布《证券公司证券自营业务指引》。

◆ 2006 年

1 月 1 日，将《中国证券业通讯》《中国证券业研究》两刊合一为《中国证券》。

3 月 11 日，首次承办国际组织 ACIIA 主办的注册国际投资分析师（CIIA）考试。

8月1日，发布实施《证券公司集中交易安全管理技术指引》。

9月4日，发布《中国证券业协会会员反商业贿赂公约》。

9月5日，发布《融资融券合同必备条款》和《融资融券交易风险揭示书必备条款》。

◆ 2007年

1月22日，中国证券业协会第四次会员大会在北京召开。

5月29日，发布并实施《证券期货科学技术奖励办法（试行）》和《证券期货科技奖励评审办法》。

10月18日，举行中日两国证券业协会合作备忘录签字仪式。

12月27日，资信评级机构纳入协会自律管理体系。

◆ 2008年

1月1日，协会远程培训系统开通上线，从业人员后续职业培训可在远程培训系统完成。

3月4—5日，首次组织证券公司专业评价试评工作。

7月1日，发布《证券公司定向资产管理合同必备条款》《证券公司集合资产管理合同必备条款》（含《证券公司集合资产管理计划说明书必备条款》）《证券公司定向资产管理业务风险揭示书必备条款》《证券公司集合资产管理业务风险揭示书必备条款》《证券公司资产管理业务了解客户规则（试行）》等自律规则。

8月10日，在北京与澳大利亚金融市场协会签署合作备忘录。

◆ 2009年

6月10日，在北京举办新股发行制度改革研讨会。

7月20日，中国证券业协会代表团赴爱尔兰与爱尔兰基金业协会签订谅解备忘录。

9月28日，举办《证券资信评级行业自律公约》签约仪式。

11月23日，发布《网上基金销售信息系统技术指引》。

11月26—27日，承办注册国际投资分析师协会（ACIIA）理事会会议。

◆ 2010年

1月27日，发布《关于公布〈证券公司融资融券业务试点实施方案专业评价工作规程〉等规则的通知》。

2月26日，荣获民政部评定的“全国先进社会组织”称号。

9月28—29日，承办2010年亚洲证券论坛年会及国际研讨会。

◆ 2011年

3月23日，发布《证券公司压力测试指引（试行）》。

6月23—24日，中国证券业协会第五次会员大会在北京召开。

11月28日，发布首期内刊《传导》。

◆ 2012年

2月10日，发布《证券公司合规管理有效性评估指引》。

3月12日，发布《证券资信评级机构执业行为准则》。

5月6日，根据《关于进行保荐代表人胜任能力考试交接工作的函》（发行监管函〔2012〕218号），保荐代表人胜任能力考试的组织和命题工作正式移交协会负责。

6月19日，发布《证券分析师执业行为准则》《发布证券研究报告执业规范》。

7月1日，协会网站改版后正式上线。改版后的网站强化了协会官方网站作为协会信息披露和公示平台、会员单位服务平台的作用。

8月28日，发布关于聘任调解员的公告，聘任111名调解员。这是协会第一次聘任证券纠纷调解员。

9月11日，发布《2011年度证券公司履行社会责任情况报告》。这是协会首次向社会披露证券公司在履行社会责任方面的年度工作情况。

10月15日，发布《关于保荐代表人资格管理有关问题的通知》。保荐代表人注册、变更执业机构等资格管理工作正式移交协会负责。

10月19日，发布《证券公司客户资产管理业务规范》。

11月2日，发布《证券公司直接投资业务规范》。

12月24日，中国证监会决定设立中证资本市场监控中心有限责任公司（后更名为中证资本市场发展监测中心有限责任公司），并授权中国证券业协会管理（证监函〔2012〕426号）。

◆ 2013年

1月15日，发布《中国证券业协会境外证券类机构驻华代表处特别会员管理规则》。

1月16日，发布《证券公司中小企业私募债券承销业务尽职调查指引》。

2月1日，协会自主管理的远程培训系统启用。

2月7日，发布《证券公司参与区域性股权交易市场业务规范》。

3月15日，发布《证券公司开立客户账户规范》《证券公司私募产品备案管理办法》《中国证券市场金融衍生品交易主协议及其补充协议》《证券公司金融衍生品柜台交易业务规范》和《证券公司金融衍生品柜台交易风险管理指引》。

4月1日，协会从业人员管理系统正式启用。

6月24日，会员机构信息管理系统启用。

8月13日，发布《中国证券业协会诚信管理办法》《证券公司创新业务（产品）专业评价工作指引》。

9月23日，《创新与发展：中国证券业2012年论文集》出版发行，首次将证券业报告结集出版。

9月26日，首次组织证券经营机构开展整治非法证券宣传月活动。

12月27日，发布《首次公开发行股票承销业务规范》。

12月30日，与中国扶贫基金会在京举行证券行业扶贫专项基金合作协议签约仪式。

◆ 2014 年

1 月 13 日，发布《证券公司客户账户开户协议指引》及《证券交易委托代理协议指引》。

2 月 25 日，发布《证券公司全面风险管理规范》及《证券公司流动性风险管理指引》。

3 月 29 日，发布并实施《中国证券业协会自律规则制定办法》。

4 月 28 日，发布《证券公司反洗钱工作指引》。

5 月 9 日，发布《首次公开发行股票网下投资者备案管理细则》《首次公开发行股票配售细则》。

8 月 15 日，发布《证券公司柜台市场管理办法（试行）》《机构间私募产品报价与服务系统管理办法（试行）》。

9 月 6 日，协会远程培训系统荣获中国金融教育发展基金会“2014 年金融教育优秀研究成果远程教育类一等奖”。

9 月 26 日，发布《证券公司资本补充指引》。

10 月 20 日，发布《证券公司短期公司债券试点办法》。

11 月 5 日，发布《并购重组私募债券试点办法》。

11 月 24 日，发布《关于建立全国证券自律协调体系的若干意见》。

12 月 17 日，发布《证券业从业人员执业行为准则》。

◆ 2015 年

1 月 6 日，发布《证券市场资信评级机构评级业务实施细则（试行）》。

2 月 16 日，发布《机构间私募产品报价与服务系统资产证券化业务指引（试行）》。

3 月 11 日，发布《证券公司信息隔离墙制度指引》。

3 月 13 日，发布《证券公司网上证券信息系统技术指引》《证券公司参与支付业务信息系统技术指引》。

6 月 5 日，发布《公司债券受托管理人执业行为准则》。

6 月 12 日，发布《证券公司外部接入信息系统评估认证规范》。

6 月 26 日，发布《机构间私募产品报价与服务系统管理办法（试行）》。

7 月 24 日，发布《证券公司开展场外股权质押式回购交易业务试点办法》。

7 月 29 日，发布《场外证券业务备案管理办法》。

10 月 16 日，发布《公司债券承销业务自律规则》。

11 月 15 日，2015 年“打击非法证券活动宣传月”暨“远离非法证券，传递正能量”健康跑活动（北京站）在京召开，首次采用健康跑活动形式开展打非宣传活动。

◆ 2016 年

1 月 11 日，发布《首次公开发行股票承销业务规范》《首次公开发行股票配售细则》《首次公开发行股票网下投资者管理细则》。

1 月 22 日，发布《融资担保公司证券市场担保业务规范》。《中国证券业协会证券纠纷调解工作管理办法》《中国证券业协会证券纠纷调解规则》。

5 月 6 日，协会“投资者之家”网上投资者教育平台成为首批全国证券期货投资者教育基地。

8 月 4 日，发布《助力脱贫攻坚　履行社会责任——证券公司“一司一县”结对帮扶贫困县行动倡议书》。

8 月 11 日，发布《证券经营机构参与打击非法证券活动工作指引》。

12 月 30 日，发布《证券公司私募投资基金子公司管理规范》《证券公司另类投资子公司管理规范》。

◆ 2017 年

3 月 17 日，发布《公司债券受托管理人处置公司债券违约风险指引》。

6 月 17 日，中国证券业协会第六次会员大会在京举行。

6 月 28 日，发布《证券经营机构投资者适当性管理实施指引（试行）》。

9 月 1 日，发布《推动“一县一企”深化精准扶贫——证券公司服务脱贫攻坚再行动倡议书》。

9 月 8 日，发布《证券公司合规管理实施指引》。

9 月 29 日，在京举办以“资本市场精准扶贫总结与展望”为主题的资本市场助力脱贫攻坚交流会暨证券行业扶贫成果展。

11 月 24 日，发布《首次公开发行股票网下投资者管理细则》。

◆ 2018 年

1 月 12 日，发布《证券公司参与股票质押式回购交易风险管理指引》。

8 月 17 日，发布《区域性股权市场自律管理与服务规范（试行）》。

8 月 31 日，召开区域性股权市场委员会成立大会暨第一次全体委员会议。

9 月 3 日，出版发行《证券业从业人员一般从业资格考试统编教材（2018）》，分为《证券市场基本法律法规》和《金融市场基础知识》两本。这是证券从业资格考试改革后协会首次组织编写出版的官方教材。

9 月 7 日，发布《证券公司金融工具估值指引》《非上市公司股权估值指引》《证券公司金融工具减值指引》。

10 月 16 日，在中国证监会扶贫办指导下，与中国期货业协会、中国证券投资基金业协会、中国上市公司协会等单位共同主办“庆祝改革开放 40 周年资本市场扶贫成果展”。

12 月 27 日，发布《中国证券期货市场衍生品交易主协议》《中国证券期货市场衍生品交易主协议（信用保护合约专用版）》《中国证券期货市场衍生品交易主协议（信用保护合约专用版）备案指引》。

◆ 2019 年

1 月 25 日，发布实施《中国证券基金行业首席经济学家例会制度》。

5 月 15 日，发布《证券行业开展“投资者教育进百校”行动倡议书》、《证券经营机构投资者教育工作指引》。

5 月 31 日，发布实施《科创板首次公开发行股票承销业务规范》《科创板首次公开发行股票网下投资者管理细则》。

6 月 3 日，发布《证券投资咨询机构执业规范（试行）》。

7 月 15 日，发布《证券公司信用风险管理指引》。

10 月 8 日，发布《证券分析师参加外部评选规范》。

10 月 14 日，由中国证监会主办，中国证券业协会、中国期货业协会、中国上市公司协会、中国证券投资基金业协会承办的资本市场服务脱贫攻坚论坛在北京会议中心举办。

10 月 18 日，发布《证券公司公司债券业务执业能力评价办法（试行）》。

11 月 21 日，证券基金行业文化建设动员大会在北京召开，发布《证券行业文化建设倡议书》，中国证券行业文化建设委员会正式成立。

11 月 24 日，由协会编写的《中国证券业服务"一带一路"建设蓝皮书（2019）》，在国际金融论坛第 16 届全球年会上正式发布。

◆ 2020 年

1 月 27 日，发布《动员证券行业力量，同舟共济抗击疫情——证券业协会向全体会员发出倡议》。

3 月 4 日，发布《关于证券业从业人员登记管理有关事项的通知》，从业人员事前资格准入管理改为事后登记管理。

3 月 12 日，发布《证券经营机构及其工作人员廉洁从业实施细则》。

5 月 15 日，首次发布《2019 年度证券公司投资者服务与保护报告》。

5 月 19 日，发布《非上市公众公司股票公开发行并在新三板精选层挂牌承销业务规范》。

7 月 13 日，发布《证券业务示范实践第 1 号——证券公司运营管理信息报告机制》。

7 月 20 日，发布实施《创业板首次公开发行证券承销规范》。

8 月 6 日，发布《证券从业人员职业道德准则》。

图 4　2020 年 8 月，中国证券行业文化建设委员会成员合影

8 月 21 日，中国证监会印发《关于进一步加强中国证券业协会自律管理职责的意见》。

11 月 20 日，协会获评第一财经。2020 中国金融价值榜（CFV）。"年度自律监管机构"。

12 月 4 日，发布《证券公司保荐业务规则》。

◆ 2021 年

1 月 8 日，与中国国际经济贸易仲裁委员会签署《战略合作框架协议》。

1 月 26 日，发布《非上市公众公司挂牌推荐和股票发行业务工作底稿内容与目录指引》。

1 月 29 日，发布《公开募集基础设施证券投资基金网下投资者管理细则》。

2 月 3 日，协会在 2020 年全国金融系统思想政治工作和文化建设课题研究活动中被评为优秀组织奖单位，这是协会连续七年获得该奖项。协会同时被授予“2019—2020 年全国金融系统文化建设标兵单位”荣誉称号。

2 月 25 日，协会荣获全国脱贫攻坚先进集体称号，党委书记安青松代表协会接受表彰。

图 5　2021 年 2 月 25 日，中国证券业协会荣获全国脱贫攻坚先进集体称号

2 月 28 日，发布《证券行业文化建设十要素》。

3 月 12 日，发布《示范实践第 2 号——证券公司基于行业云的信息系统备份能力建设》。

4 月 7 日，发布《公司债券承销报价内部约束指引》。

4 月 29 日，发布《中国证券业协会专业委员会管理办法》。

5 月 14 日，联合沪深交易所、全国股转公司共同发布《证券公司投资者教育工作评估指南》。

5 月 15 日，发布《证券公司投资者权益保护工作规范》，联合中国期货业协会、中国证券投资基金业协会发布《证券基金期货经营机构投资者投诉处理工作指引（试行）》。

5 月 15 日至 6 月 18 日，联合中证机构间报价系统股份有限公司举办“百年党史铸根基　资本市场开新局”线上证券知识竞赛，参赛人数超过 15000 人。

5 月 22 日，中国证券业协会第七次会员大会在北京举行。同日，协会向全体会员发出《巩固拓展结对帮扶成果担当推进乡村振兴新使命倡议书》。

图 6　2021 年 5 月 22 日，易会满主席在中国证券业协会第七次会员大会上发表重要讲话

5 月 28 日，发布《证券公司合规管理有效性评估指引》。

6 月 1 日，组织开展首次证券公司文化建设实践评估工作。

6 月 17 日，与北京金融法院签署《合作备忘录》。

6 月 28 日，中国证券业协会第一党支部荣获全国先进基层党组织称号。

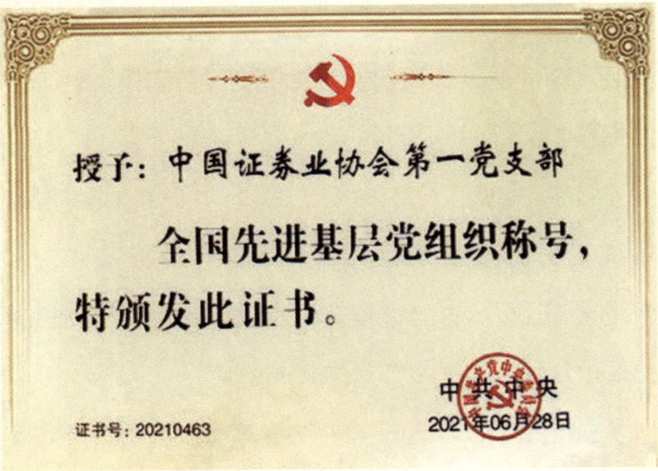

图 7　2021 年 6 月 28 日，中国证券业协会第一党支部荣获全国先进基层党组织称号

8 月 28 日，中国证券业协会成立 30 周年。■

（注：数据截至 2021 年 8 月 28 日）

图 8　2021 年 8 月 28 日，中国证券业协会召开成立 30 周年座谈会

中国证券博物馆 2021 年大事记

中国证券博物馆

1 月，中国证券博物馆藏品管理系统投入试运行。

1 月 1 日，中国证券博物馆被上海市市级机关党工委列为“组织生活基地”；同日，被上海市民终身学习人文行走工作办公室列入“最具特色人文修身学习点”。

1 月 4 日，中国证券博物馆预约与进出馆管理系统投入试运行。

1 月 5 日，中国证券博物馆携手中国邮政集团共同举办《辛丑年》特种邮票首发仪式，同时推出与中国邮政上海分公司联合开发的“开市祥锣”纪念摆件套装。

1 月 19 日，完成中国资本市场“三十年・一句话”征集活动，收稿 893 份，整理录入相关文稿及信息 8 万余字。

1 月 23 日，为集中展示中国资本市场在扶贫攻坚战中发挥的作用，由中国证监会扶贫办主办，中国证券博物馆承办，上海证券期货文化基金会资助的“携手——中国资本市场扶贫成果展”在中国证券博物馆官网正式上线。展览汇集了证监会系统及行业 45 家单位选送的近 600 张图片图表、40 余个扶贫视频及 30 余个扶贫县扶贫项目航拍素材，以三维数字网络展厅的形式进行线上展示。中国证监会、上海证券交易所、深圳证券交易所、上海期货交易所、郑州商品交易所、大连商品交易所、中国金融期货交易所等平台进行了广泛宣传，新华社、人民网、《中国证券报》等新闻媒体也同步推送。

1 月 26 日，完成“浦江饭店历史专题展厅”的设备维保、展品新增等工作，并将其作为常设展览在博物馆一楼长廊展厅重新开放。

2 月 1 日，中国证券博物馆以通讯表决方式组织召开第一届理事会第六次会议；同日，在博物馆一楼大厅正式推出“而立——中国资本市场 30 年”图文展。

2 月 5 日，在农历牛年新春到来之际，中国文物报社联袂中国证券博物馆等 40 余家文博机构举办的“牛转乾坤——辛丑（牛年）新春生肖文物图片联展”在 316 展厅开幕。3 月 26 日，“牛气冲天”科创板上市仪式纪念展品被评为“2021 年百姓最喜爱的十件牛文物”。10月，展览配套文创产品“开市祥锣”纪念摆件套装荣获“特色文创开发一等奖”。

3月26日，中国证券博物馆以通讯表决方式召开第一届理事会第七次会议。

3月31日，中国证券博物馆组织召开“力量——百年来中国共产党领导下的资本市场实践和发展历程展”展览大纲专家论证会。上海市社联副主席、上海市中共党史学会会长忻平，上海爱建集团党委书记、副董事长范永进，上海大学党委副书记、上海博物馆理事会理事长段勇等7名专家应邀参加评审。

4月，中国证券博物馆被上海市文旅局列入上海市革命纪念类博物馆。同时，博物馆党支部的微党课《中国证券博物馆与新中国资本市场发展故事》入选上海市委组织部推荐的50堂优秀党课。

4月20日，上海证券期货文化发展基金会以通讯表决方式召开第一届理事会第六次会议。

5月1日，《中国证券博物馆2021年第1辑（总第5辑）》出版发行。

5月6日，中国证券博物馆作为上海市首批重要革命遗址旧址，由中共上海市委宣传部、中共上海市委党史研究室、上海市文物局等部门授予“周恩来避难地（礼查饭店）”纪念标识，并在博物馆黄浦路15号门口挂牌。

5月15日，为宣传“5·15全国投资者保护宣传日”，博物馆推出与湘财证券投资者教育基地联合摄制的系列视频短片《中国证券故事之红色记忆》，并于12月23日联合湘财证券投资者教育基地主办全媒体公益云直播节目“《中国证券故事之红色记忆》云端发布会”；联合中国中福会出版社举办“来和孩子‘谈谈钱’——中国证券博物馆青少年儿童财商教育”讲座。

5月18日，值“5·18国际博物馆日”之际，邀请同济大学马克思主义学院教授万立明作“百年大党与资本市场建设”线上学术讲座。

5月26日，上海证券期货文化发展基金会召开2020年度联合研究课题结题评审会，对中国证券博物馆2020年度三项课题进行评审。中国金融出版社刘钊教授团队承接的“中国资本市场三十年（1990—2020年）”、同济大学马克思主义学院万立明教授团队承接的“百年来中国共产党领导下的资本市场发展历程”和复旦大学历史学系朱荫贵教授团队承接的“近代中国证券市场及交易所研究”分别进行答辩，三项课题研究成果通过结题评审。

6月，完成《学百年党史，走红色线路》学党史手册的编写工作，并向上海证券交易所各党支部和虹口区北外滩区域化党建联系单位进行推广。

6月5日，为丰富城市夜间文化生活，中国证券博物馆正式启动为期两个月的“博物馆奇妙夜”活动，在严格落实疫情防控措施的前提下，于6—8月实行夜间开放，并策划“博物馆奇妙夜——证券历史微知识问答”活动共计12场。

6月30日，“力量——百年来中国共产党领导下的资本市场实践和发展历程展”在上海金融交易广场八楼连廊揭幕试运行。该展览先后被列入中央宣传部、国家文物局庆祝中国共产党成立100周年精品展览推介名单，国家文物局2021年度“弘扬中华优秀传统文化、培育社会主义核心价值观”主题展览征集推介项目名单。

7月1日，建党百年华诞之际，中国证券博物馆组织全体员工认真收看中国共产党成立100周年纪念大会，聆听习近平总书记重要讲话，并第一时间组织学习交流，为4位党龄满十年的党员举办集体“政治生日”，重温入党誓词，分享入党感悟。

7月15日，“网上展厅三维全景数字模块”项目上线中国证券博物馆官网，并进行试运行测试。

7月19日，为促进投资者教育与国民教育有效融合，中国证券博物馆联合湘财证券投资者教育基地，共同举办为期两个月的“历道学堂财商夏令营”活动。

7月20日，上海证券期货文化发展基金会获得2020—2022年度公益性社会组织捐赠税前扣除资格。

8月，中国证券博物馆入册国家文物局主编的《中国革命纪念馆概览》一书。

8月4日，上海证券期货文化发展基金会以通讯表决方式召开第一届监事会第四次会议。

8月10日，为献礼建党百年，为投资者教育注入“红色基因”，中国证券博物馆正式启动“红色金融·百年历程”系列短视频摄制项目。

8月15日，中国证券博物馆招募首批社会志愿者，共5位志愿者通过考核，成为博物馆志愿讲解员。

9月，中国证券博物馆入选上海市虹口区“一江一河”新时代文明实践示范带及100个新时代文明实践特色站（点）。

9月23日，经过申报材料提交、现场考察、最终评审会答辩等多个环节，中国证券博物馆正式获批成为第四批18家全国证券期货投资者教育基地之一。中国证券博物馆入选由上海证监局、上海投保联盟共同推出的《2021年沪上青少年财商教育游学手册》。

9月30日，《中国证券博物馆2021年第2辑（总第6辑）》出版发行。

10月1日，“上证科创板50成分指数样本企业展”在上海金融交易广场八楼连廊展出。

10月18日，中证中小投资者服务中心联合中国证券博物馆举办的“股东来了——投资者权益知识竞赛主题展”在博物馆一楼长廊展厅正式开幕。

11月，博物馆党支部“博约读书会”被上海市金融工委命名为“书香满金融”品牌读书会。

11月1日，中国证券博物馆微信订阅号“中证博发布”正式上线。

同日，值“2021年世界投资者周”活动开展之际，中国证券博物馆联合上海投保联盟成员及部分会管单位推出“2021年世界投资者周知识教育普及图文联展”，在博物馆一楼大厅展出。

同日，中国证券博物馆馆舍建筑被评为“2021上海旅游节·上海最受关注二十大优秀建筑”之一。

同日，由上海证监局、上海证券交易所指导，上海投保联盟、中国证券博物馆等多家单位联合主办的“风从海上来，海派证券绘——优秀美术作品征选与巡展活动”在中国证券博物馆举行颁奖典礼暨开幕式，并于博物馆四楼韦尔斯厅展出。

11 月 3 日，上海证券期货文化发展基金会以通讯表决方式召开第一届监事会第五次会议。

11 月 11 日，中国证券博物馆正式加入上海投保联盟。

11 月 15 日，中国证券博物馆承接广州金融发展服务中心、岭南金融博物馆“近代沪粤公债之比较研究”课题。

11 月 24 日，上海证券期货文化发展基金会以通讯表决方式召开第一届理事会第七次会议。

12 月 10 日，中国证券博物馆被评为虹口区反恐怖工作示范单位。

12 月 20 日，中国证券博物馆入选虹口区爱国主义教育基地推荐名单，并通过公示。

12 月 22 日，在揭牌三周年之际，中国证券博物馆开展系列纪念活动：通过微信订阅号推出“致谢 2021——中国证券博物馆捐赠藏品线上展”；在微博上发起“中证博三岁啦”线上生日派对；调整、延长开放时间，进一步满足观众参观需求，提升服务能力和水平。

12 月 31 日，中国证券博物馆视频作品《DUANG! 资本市场第一锣》在全景网资本市场企业责任短视频公益展播活动中荣获“最佳知识科普视频短片”奖。■

财商让梦想远行

——中国证券博物馆携手湘财历道学堂举办财商夏令营

为促进投资者教育与博物馆教育有效融合，培养青少年群体财商思维，2021 年暑假期间，中国证券博物馆携手湘财证券投资者教育基地面向青少年群体举办了四期“历道学堂财商夏令营”活动，参与人数超百人。第一期活动参与者是复旦大学泛海国际金融学院 2021 年金融领航营的 60 位中学生，第二至第四期活动参与者主要是自主报名的青少年。

图 1 “财商让梦想远行”夏令营活动海报

夏令营活动内容主要包括两部分。第一部分是在讲解老师带领下参观中国证券博物馆，打卡博物馆专属地图。活动参与者在博物馆一楼“中国资本市场改革开放历程展”回顾改革开放以来我国证券期货行业 40 年不平凡的发展历程；在二楼礼查厅“世界与‘一带一路’交易所文化展”感受世界各国交易所紧密联系、相互交融的关系；在三楼“周恩来红色足迹专题展”追寻周恩来总理在礼查饭店的革命往事和沪上革命足迹；在“湘财历道藏品精华展”中了解我国证券市场近代以来起伏发展的历史。

第二部分是结合博物馆特色及活动参与者的年龄和背景，开展丰富多彩的活动。例如，组织青少年观看《中国证券故事之红色记忆》投教短片，了解中国共产党在新民主主义革命时期领导红色金融、发行红色证券的金融故事，传承证券历史的红色基因；邀请行业从业者根据活动参与者的特点设置财商课程，结合生活实际为活动参与者讲解投资理财知识。第一期活动邀请了湘财证券投顾业务部首席投资顾问郑韬做导师，将资本市场知识和热点融入学生们的活动中，引导学生们发现生活中的经济学，并与学生们分享行业现状和职业成长经历。活动现场还举行互动小游戏和互动答题环节，发放投教小礼品等，活跃现场气氛，提升大家的参与热情。

中国证券博物馆蕴含的历史文化底蕴为青少年观众全面了解中国资本市场发展历程创造了条件，激发他们对证券期货行业的兴趣和金融证券领域的求知探索欲。举办财商教育活动有助于青少年观众认识到财商的重要性，无论是个人财富管理还是资本市场建设都离不开高质量的财商培养。

图 2　财商夏令营活动中学生参观展览

中国证券博物馆将策划形式多样、内容丰富的财商教育活动，推动投资者教育与博物馆社教活动融合，帮助青少年了解学习证券期货行业基本情况和基本知识，培养财商思维，树立正确的财富观和理性的理财观，增强投资风险意识及理财能力，充分发挥博物馆作为“第二课堂”和投资者教育基地的作用。■

（供稿：何烨、湘财证券）

中国证券博物馆投资者教育基地获第四批全国证券期货投资者教育基地授牌

2021年9月23日，中国证监会在北京举行第四批全国证券期货投资者教育基地授牌活动。中国证券博物馆被授牌“全国证券期货投资者教育基地”，成为本次获授牌的唯一一家博物馆实体投教基地。

中国证券博物馆自2018年揭牌运行以来，融合证券期货文化、红色文化、海派文化，依托自身资源，已累计推出展示资本市场发展史、红色证券发展史等方面的优质展览16个，接待观众50131人次，主办或协办组织活动394场。此外，中国证券博物馆充分发挥自身特色，创新建立移动式党建中心，为党史学习教育及证券期货行业交流、投教工作开展提供支持，通过将党建活动、展览、讲解、社教活动与投教工作相结合，向观众和投资者普及证券期货知识。

承史传世，岁月流金。中国证券博物馆作为国家级证券博物馆，以重点培育证券期货藏品收藏展示中心、证券期货文化国际交流中心、证券期货知识教育研究中心为己任，将进一步挖掘证券期货行业历史文化资源，丰富创新投资者教育形式，发挥博物馆在弘扬证券期货文化、传播证券期货文化知识、讲好资本市场故事方面的突出作用。中国证券博物馆将继续加强与行业相关单位的合作，协同开展全方位、多层次的投资者宣传教育活动，不断满足投资者的多元文化需求，为塑造良好行业形象、构建资本市场良好生态贡献自己的力量。■

（供稿：刘晓婷、何烨）

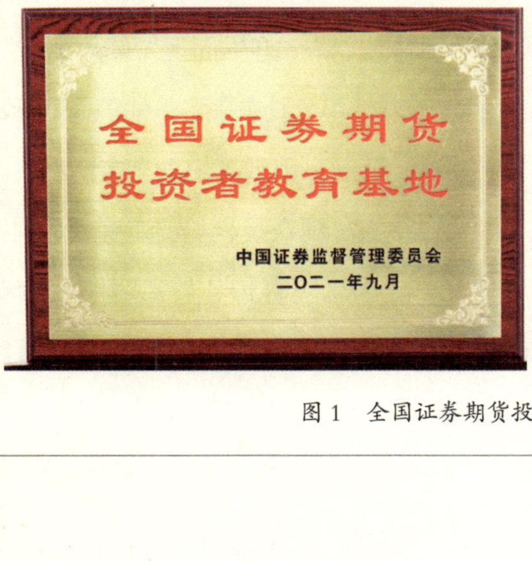

图1　全国证券期货投资者教育基地牌匾和证书

中国证券博物馆携手中证中小投资者服务中心推出“股东来了——投资者权益知识竞赛主题展”

2021 年 10 月 18 日，“股东来了——投资者权益知识竞赛主题展”（以下简称“股东来了主题展”）在中国证券博物馆一楼长廊展厅正式开幕，VR 虚拟线上展同步上线。

《股东来了》是以中国证监会办公厅、投资者保护局为指导单位，由中证中小投资者服务中心（以下简称投服中心）主办，我国首个以投资者权益为主题的全国性证券期货类知识大赛，自 2018 年创办以来已成功举办 4 届，累计注册人数超 890 万人，答题人次逾 7 亿。4 年来，《股东来了》贯彻落实“大投保格局”理念，联合全国各辖区监管部门、自律组织、市场主体、新闻媒体等市场各方，引导投资者“全面知权、积极行权、依法维权”，倡导长期投资、价值投资、理性投资文化，产生了较好的社会影响和效果。

图 1 “股东来了主题展”场景

为更生动直观地展现这一大型投教活动，投服中心联合中国证券博物馆策划“股东来了主题展”，展览以时间为线索分成“寓教于乐　开拓创新”“锐意进取　推陈出新”“迎难而上　鼎故革新”3 个单元，将 2018—2020 年《股东来了》知识大赛活动视频、照片和奖牌、队服、剪纸等纪念品在博物馆一楼长廊展厅中精心排布。观众缓步观赏即可重温网络初赛、区域复赛、全国总决赛和各类主题投教活动的精彩瞬间。此外，展览设置了沉浸式影音室、互动问答体验装置和打卡留念窗。

为贯彻疫情防控，方便投资者观展，本次展览同步上线 VR 虚拟线上展，观众扫描二维码即可观看。

本次展览是投服中心和中国证券博物馆为贯彻落实中国证监会投资者保护工作部署要求，积极响应“2021 年世界投资者周”活动号召开展的系列活动之一。未来，中国证券博物馆和投服中心将不断创新投教产品形式，健全投教工作机制，凝聚市场各方力量，进一步提升投资者服务水平，切实增强投资者获得感。■

（供稿：张陶、中证中小投资者服务中心）

图 2　“股东来了主题展”线上展二维码

中国证券博物馆受邀参加首届生肖文化传播论坛并获两大奖项

2021年10月13日，2021生肖文化传播论坛暨“壬寅（虎年）新春生肖文物图片联展”策展研讨会在长沙博物馆举行，包括中国证券博物馆在内的全国各地40余家文博机构的代表参加了活动。自2014年以来，中国文物报社联合全国各地近50家博物馆已连续推出8个生肖主题文物图片展览，影响力日益扩大，形式更加丰富多彩，活动更加贴近公众。

图1　2021生肖文化传播论坛暨“壬寅（虎年）新春生肖文物图片联展”策展研讨会

中国证券博物馆参加了中国文物报社组织的“牛转乾坤——辛丑（牛年）新春生肖文物联展”，展览于2021年2月春节前夕在博物馆三楼316展厅推出。展览除展出联展提供的相关素材资料外，还结合行业特色甄选了22件不同材质、不同样式的上市仪式“牛”雕塑工艺品联袂展出，还特别展出了中国邮政《辛丑年》特种邮票和博物馆特色文创“开市祥锣”纪念摆件。

为进一步总结办展经验，提升办展水平，中国文物报社在此次生肖文化传播论坛上对参加“牛转乾坤——辛丑（牛年）新春生肖文物联展”的28家优秀参展单位进行表彰。中国证券博物馆和中国邮政上海分公司联合开发的“开市祥锣”纪念摆件套装荣获“特色文创开发一等奖”，此展览中展出的现代“牛气冲天”铜牛像展品被评为“2021年百姓最喜爱的十件牛文物”。■

（供稿：王逆）

图2　“开市祥锣”纪念摆件

图3　“牛气冲天”铜牛像

中国证券博物馆举办“风从海上来，海派证券绘”优秀美术作品展

2021 年 11 月 1 日，“风从海上来，海派证券绘”优秀美术作品颁奖典礼暨巡展开幕式在中国证券博物馆举行。本次活动由上海证监局、上海证券交易所指导，上海投保联盟、中国证券博物馆、上海市静安区终身教育研究所、湘财证券投资者教育基地、证通投资者教育基地、上海市静安区业余大学（上海开放大学静安分校）等多家单位联合主办，各单位相关领导和代表出席了开幕式。

上海证券交易所博物馆保障部总监张卫东对此次美术作品征集与获奖情况作了介绍。他表示，尽管 25 件入选作品的作者来自各行各业，但是创作者们不约而同地在艺术创作中融入了“上海证券业的革命红色基因与开放创意品质”，且参选作品大多将主题设定为中国证券博物馆，以证券期货行业发展的“初心之地”，也是红色记忆的重要承载地作为创作母题，足见创作者们的匠心与巧思。

在颁奖仪式与藏品捐赠仪式上，与会单位领导为 6 位获奖代表颁奖。湘财证券股份有限公司将出资购

图 1　活动与会嘉宾合影

图 2 优秀美术作品颁奖仪式

图 3 湘财证券股份有限公司投顾业务部总经理刘飞烨（左）向中国证券博物馆捐赠优秀美术作品，金星副馆长（右）代表博物馆接受捐赠

买的两幅优秀作品——许畅创作的《世纪华章——中国证券博物馆》和陆优伟创作的《风从海上来》，赠与中国证券博物馆收藏。此外，《为恩来总理拉开窗帘》《浦江之花》《发展是硬道理》《跨越——新中国证券发展侧影》等作品由湘财证券股份有限公司、静安区终身教育研究所等单位收藏。

“风从海上来，海派证券绘”展览已于 2021 年 11 月 1 日至 30 日在中国证券博物馆四楼韦尔斯厅展出。本次活动不仅是一次高水平的美术作品展，更是对党、对祖国、对中国资本市场繁荣发展的礼赞。展览丰富了中国特色资本市场文化的内容，加强了金融行业文化的合作与交流，是金融领域与美术文化跨界合作的一次成功尝试，为博物馆展览提供了新的维度，也为金融携手艺术探索了新的视角。■

（供稿：何烨、刘晓婷、湘财证券）

图 4 “风从海上来，海派证券绘”展览场景

中国证券博物馆藏品和资料征集启事

为更好地发挥作为证券期货行业唯一一家国家级博物馆、革命纪念类场馆及全国证券期货投资者教育基地的作用，更系统全面地记录、收集、整理中国资本市场发展历程，丰富中国证券博物馆馆藏文物和历史资料，保存资本市场文化资源，讲好中国资本市场故事，坚定证券期货行业文化自信，中国证券博物馆向社会公开征集见证资本市场发展的相关藏品和资料。

一、征集范围

反映中国资本市场整个发展历程的重要见证物。重点是改革开放以来，尤其是进入中国特色社会主义新时代后，中国资本市场发展进程中重大事件、重要人物、重大改革和创新的重要见证物。

（一）文物实物

1. 重要物证
2. 证券票证
3. 业务书证
4. 档案史证
5. 工作实物

（二）文献资料

1. 史志。证券期货行业年鉴、年报、资料汇编等各类公开出版物、内部资料等。

2. 著述。资本市场亲历者著作、音像资料、生平传记、手稿等。

3. 专著等。反映一定历史时期证券期货行业概况的专著、论文、调研报告、情况汇报、工作总结、专题研究等。

4. 其他关于资本市场历史的图书、期刊、报纸和会议文献、论文、专利、音像及电子制品等。

（三）口述资料

1. 事件亲历。关于改革开放以来历史的亲历及回忆。

2. 历史评述。结合自身经历评述改革开放以来资本市场发展历程。

3. 线索提供。提供关于改革开放以来资本市场历史细节的重要线索，丰富当代证券史研究基础资料。

基于口述资料的特殊性，可联系博物馆工作人员，约定口述时间、地点，由博物馆工作人员前来访谈，通过笔录、录音、录像等方式记录下相关资料。

二、征集方式

本次征集活动将严格按照《中华人民共和国文物保护法》《博物馆条例》、知识产权保护相关法规和中国证券博物馆的有关规定进行。

1. 凡无偿捐赠藏品和资料的，将获颁捐赠证书。

2. 有意向参与博物馆口述资料的人士，可与博物馆联系口述资料的具体采集事宜。

3. 对保存有中国资本市场重要文物实物的机构和个人，经双方协商后可采取借展和保管的方式合作。

4. 对收藏有特别珍贵的文物实物和文献资料的人士，希望保存原件又愿意向博物馆分享相关资源的，经双方协商后可进行复仿制。

三、征集时间

本征集长期有效。

四、联系方式

联系人：

陈老师　021-38612190　18918506455

张老师　021-38612140　18918500990

联系地址：上海市虹口区黄浦路 15 号中国证券博物馆

邮政编码：200080

《中国证券博物馆》征稿启事

《中国证券博物馆》由中国证券博物馆组织编写、中国金融出版社出版，旨在记录中国资本市场发展历程及重大事件，留存亲历者第一手回忆性文字，推广证券期货历史文化研究课题成果，交流博物馆文化事业发展，发布中国证券博物馆资料库建设阶段性进展。主要栏目有：人物访谈、证博特稿、风云笔谈、专题研究、文博论坛、藏品撷英等。欢迎海内外专家学者及市场亲历者踊跃投稿。

来稿要求：

一、凡涉及资本市场发展历程以及证券期货及博物馆文化、历史、教育的文稿均可，要求论述明确，尊重历史，层次清晰，行文规范，资料翔实、准确、系统。文章应不涉及保密，署名无争议。

二、来稿字数不限，建议文章配三至五张图表或照片（均请注明名称和来源）。稿件格式准确，参考文献按照 GB/T 7714—2005 标准，采用脚注，每页连续编号，文章注释的内容依次为：作者、书名、卷册、出版社、出版年份、页码；图片格式为 JPG，分辨率应不低于 300dpi。请附上作者简介及联系方式。

三、请勿一稿多投，投稿文章以原创为宜，未在公开出版物或互联网上发表，投稿即视为对稿件原创性作出承诺。

四、编辑部根据发文要求，有可能对来稿酌情删改，如不同意，务请注明。

五、来稿一经刊用即致稿酬，并赠样书两本。未刊用稿件恕不退回。

联系方式：

联系电话：021-38612105

投稿信箱：zgzqbwgnk@sse.com.cn

通信地址：上海市虹口区黄浦路 15 号《中国证券博物馆》编辑部

邮政编码：200080

——《中国证券博物馆》编辑部